Individualität und Freiheit

HARALD WESSBECHER

Individualität und Freiheit

Die Gesetzmäßigkeiten des Glücks verstehen und nutzen

INTEGRAL

FSC
Mix
Produktgruppe aus vorbildlich bewirtschafteten Wäldern und anderen kontrollierten Herkünften

Zert.-Nr. SGS-COC-1940
www.fsc.org

Verlagsgruppe Random House FSC-DEU-0100
Das für dieses Buch verwendete
FSC-zertifizierte Papier *Munken Premium*
liefert Arctic Paper Munkedals AB, Schweden.

Integral Verlag
Integral ist ein Verlag der Verlagsgruppe Random House GmbH

ISBN 978-3-7787-9176-9

1. Auflage 2007

Redaktion: Dr. Juliane Molitor
Einbandgestaltung: Reinert und Partner, München,
unter Verwendung einer Illustration von Thomas Reinert
Gesetzt aus der Berling bei Leingärtner, Nabburg
Druck und Bindung: GGP Media GmbH, Pößneck

Inhalt

Vorwort

Wir sind mehr als das Ergebnis unserer persönlichen Vergangenheit, mehr als die Summe aller Einflüsse aus dem Umfeld. Jeder von uns ist ein Wesen, das ganz unabhängig von der persönlichen Lebenserfahrung existiert und immer in Ordnung ist. Ein einzigartiges Wesen, das unser eigentliches Sein ausmacht und das schon vor unserer Geburt existierte. Ein Wesen, das wir in dieses Leben mitgebracht haben …

Zu dieser Erkenntnis gelangte ich, nachdem ich schon seit meiner Kindheit unzählige außerkörperliche Erfahrungen gemacht hatte. Jede Nacht ging mein Bewusstsein auf Reisen und lernte die Welt und auch die Menschen aus ganz anderer Sicht kennen. Dabei wurde mir auch klar, dass es im Leben nicht darum geht, Probleme zu vermeiden und Sicherheiten zu schaffen, sondern hauptsächlich darum, uns selbst und unser Wesen zu spüren und zum Ausdruck zu bringen, Freude und Lebensqualität zu schaffen und sich im Herzen berühren zu lassen. Ich wusste schon früh: Ich will lustvoll leben, viele Erfahrungen machen und mehr werden, als ich je war. Heute wünsche ich mir, dass viele Menschen ihre Freiheit wiederfinden und ihr Potenzial entdecken. Ich wünsche mir eine Welt, in der möglichst viele wieder an ihre Individualität glauben und nicht einfach in der Masse untergehen wollen. Ich möchte, dass Menschen Freude an ihrem Leben haben und deshalb auch daran interessiert sind, die Welt zu erhalten, in der sie dieses schöne Leben führen. Ist es nicht erstaunlich, wie viele Menschen der Ansicht sind, sich eher nach der Mode richten zu müssen als nach ihrem eigenen Geschmack; wie viele Menschen sich geistlos vor den Fernseher setzen und konsumieren, was immer ihnen geboten wird, statt selbst dafür zu sorgen, dass ihr Leben lebendig und intensiv ist; wie viele Menschen sich kaum noch fragen, was sie eigentlich selbst wollen und was ihnen guttut?

Warum ist das wohl so? Ich glaube, es liegt zum einen daran, dass die Menschen müde geworden sind, immer nur Probleme zu vermeiden und Fehler auszumerzen, denn das erzeugt weder Lust noch Motivation. Zum anderen ahnen sie einfach nicht mehr, dass sie geistige Kräfte besitzen, mit denen sie ihr Leben neu gestalten können, und dass ihr individuelles Wesen, das mehr ist als die Summe der Prägungen aus der Vergangenheit, sich auch individuell zum Ausdruck bringen möchte. Aus Unwissenheit, Mangel an Ideen und oft auch einfach aus Bequemlichkeit tut man, was alle tun, und überlässt es wenigen Vorreitern, die Richtung vorzugeben. Aber welche Richtung ist das?

Es ist deren Richtung! Unsere ganz bestimmt nicht. Deshalb spüren wir uns auch nicht, wenn wir in diese Richtung gehen. Und je mehr wir ein uns fremdes Leben führen, desto mehr fühlen wir uns entsprechend: hohl und unterfordert oder hoffnungslos überfordert, weil es uns an den für dieses Leben notwendigen Voraussetzungen fehlt und wir auch keine wirkliche Motivation dafür aufbringen.

Ich möchte Sie mit diesem Buch wieder daran erinnern, dass Sie einzigartig sind und diese Einzigartigkeit mit all ihren Möglichkeiten wiederentdecken und zum Ausdruck bringen können, um ein erfolgreiches, gesundes und intensives Leben zu führen – ein Leben, das Sie berührt und in dem Sie sich lebendig fühlen. Ich zeige Ihnen einen Weg dorthin, den Sie ganz allein gehen können. Und nur eins ist nötig, um ihn erfolgreich zu gehen: Ihre klare Entscheidung dafür.

Harald Wessbecher

Kapitel 1
Zurück zur Einzigartigkeit

Was bringt die Zukunft? Was kann ich erwarten, erhoffen und worauf sollte ich mich rechtzeitig einstellen, damit mich mein Schicksal nicht unvorbereitet trifft?

Solche oder ähnliche Fragen treiben viele Menschen zu Hellsehern, Kartenlegern oder Astrologen in der Hoffnung, dass ihre Ängste gelindert werden oder sie etwas erfahren, was sie aufbaut oder tröstet. Wir alle haben Wünsche und wollen ein schönes und erfülltes Leben haben, aber häufig wissen wir nicht, was dies genau bedeutet, und trauen uns auch nicht wirklich zu, es aus eigener Kraft zu schaffen. Wir suchen Rat und Hilfe im Außen, orientieren uns an fremden Vorbildern und bewegen uns mehr oder weniger im üblichen Rahmen, den wir mit all den anderen Menschen teilen, ohne uns je zu fragen, ob wir dies auch wollen.

Wir leben in einer Kultur, die uns den Eindruck vermittelt, dass wir in eine bedrohliche oder sogar feindliche Welt hineingeboren wurden, in der es am wichtigsten ist, für sicheres Überleben zu sorgen, für materielle Sicherheit durch eine Einnahmequelle sowie für emotionale Sicherheit durch eine funktionierende Partnerschaft und gute zwischenmenschliche Beziehungen. Wir werden dazu angehalten, eine gute Ausbildung zu machen und viel Leistung zu bringen. Erst dann könnten wir entspannen. Und natürlich sollen wir einen Partner finden, der für uns da ist, uns stützt und trägt, damit wir keine Angst mehr haben müssen, alleine zu sein, kein schönes Leben führen zu können oder gar unterzugehen.

Und da alle in unserem Umfeld so leben, halten wir dies für normal und machen uns kaum Gedanken darüber, ob wir tatsächlich ein Leben suchen, in dem es nur um unser Überleben geht, nicht aber um Lebensqualität, Freude und Liebe. Eigentlich müsste jeder Mensch, der uns begegnet, glücklich sein, weil er ja offensichtlich erfolgreich überlebt hat, aber wirkliche Freude ist in weit weniger Gesichtern zu lesen, als zu erwarten wäre. Doch darüber denken wir nicht nach, weil uns selten jemand gefragt hat, was wir im Leben erreichen wollen und was uns wirklich glücklich macht. Stattdessen sagten uns viele, was wir zu tun haben und was richtig oder falsch ist. Tatsächlich wurden wir mit vielen anderen Menschen in einen Topf geworfen, man gewöhnte uns an allgemein gültige Regeln und Strukturen und sagte uns, was man als normaler, also der Norm entsprechender Mensch zu tun und zu lassen habe. Zu Hause bei unseren Eltern, in der Schule, in der Ausbildung und erst recht im Berufsleben gewöhnte man uns an, die Erwartungen anderer zu erfüllen. Wir lernten, unsere Wahrnehmung nach außen zu richten auf die Anforderungen des Lebens und auf andere Menschen, nicht aber auf uns selbst und unsere ureigenen Bedürfnisse und Fähigkeiten. Wir sind ein Produkt unserer Geschichte und sollen aus dem, was wir gelernt und erfahren haben, das Beste machen im Einklang mit den Anforderungen unseres Umfeldes.

Wenn uns die Vergangenheit Probleme gemacht hat, gilt es, diese zu verstehen und zu bewältigen, damit wir besser damit umgehen können, aber gleichwohl sind wir von ihren Inhalten geprägt und müssen darauf bauen, wenn wir unser Leben gut gestalten wollen. Dass wir vielleicht mehr sind als die Summe aller Prägungen aus der Vergangenheit, dass wir einen einzigartigen Kern besitzen, der nichts mit unserer gelebten Geschichte zu tun hat und voller Möglichkeiten steckt, die wir entfalten können, wurde uns in der Regel nie vermittelt. Und deshalb suchen wir auch nicht nach diesem einzigartigen Wesenskern. Die Vergangenheit zu verstehen, damit wir ihre problematische Wirkung auflösen und ihre Geschenke nutzen können, klingt zwar gut und wird in vielen psychologischen und psychotherapeutischen Ansätzen angestrebt, ist aber etwas völlig anderes, als zu versuchen, sein individuelles Wesen zu entdecken, sein wahres Selbst zu spüren und es in seiner Einzigartigkeit zu entfalten. Solange wir nichts von unserem Wesen wissen und uns nur als geschichtliche Persönlichkeit mit ihren positiven und negativen Prägungen verstehen, werden wir einfach dem Ausdruck verleihen, was wir als unser Selbst verstehen, auch wenn es nur von außen übernommene Vorstellungen sind oder fremde Gewohnheiten, mit denen wir uns identifiziert haben, und selbst dann, wenn wir spüren, dass es uns nicht glücklich macht.

Meine Erfahrung mit einer Vielzahl von Menschen, die zu mir in Seminare oder zu persönlichen Beratungen kamen, hat gezeigt, dass jede Krankheit, jedes psychische Problem und auch jeder Misserfolg seinen Ursprung darin zu haben scheint, dass ein Mensch in seinem Leben Dinge tut, die er eigentlich gar nicht tun will, oder dass er sich, aus welchen scheinbaren Gründen auch immer, davon abhalten lässt, das zu tun, was seinen wirklichen Sehnsüchten entspricht. Beides entspricht nicht dem menschlichen Wesen, dient nicht dazu, die eigenen Sehnsüchte und Fähigkeiten zum Ausdruck zu bringen und ist damit unwesentlich. Unwesentlich, also wesensfremd zu leben belastet uns Menschen, raubt uns Energie und macht unser Leben sinnlos.

Wir sind energetische Wesen und für alles, was wir im Leben tun und erreichen wollen, brauchen wir Energie: um gesund zu bleiben, um aus Ideen kraftvolle Visionen zu machen und diese erfolgreich umzusetzen, und sogar, um auf andere Menschen attraktiv zu wirken. Für all das brauchen wir Energie, oder gibt es etwas Unattraktiveres als einen energielosen Menschen, der nur an anderen klebt und ihnen Energie absaugen will? Doch um energievoll zu leben, müssen wir wesentlich leben, müssen wir tun, was unseren Sehnsüchten und Fähigkeiten entspricht und Freude in unser Leben bringt.

Wie aber können wir wissen, was unsere wahren Sehnsüchte und Fähigkeiten sind, wenn wir überhaupt nicht danach suchen, weil wir so damit beschäftigt sind, unser Leben auf Sicherheit und Erfolg auszurichten und von anderen Menschen geachtet und geliebt zu werden? Wenn wir so in dieser Routine gefangen sind, dass wir nicht einmal mehr spüren, wie es uns dabei geht? Wenn wir unsere ganze Aufmerksamkeit darauf richten, Probleme zu lösen oder zu vermeiden und dabei unterstellen, dass wenig Probleme zu haben das Gleiche sei wie sich zu freuen?

Die Antwort ist: Überhaupt nicht. Wir sind nicht in der Lage, wahre, aus dem Wesen stammende Sehnsüchte von falschen zu unterscheiden, die wir einfach übernommen haben. Wir werden so blind gegenüber unserem eigenen Zustand, dass wir bisweilen schädliche und bedrohliche Gewohnheiten wie Rauchen oder Trinken als wohltuend erleben, weil wir Intensität, selbst wenn sie schädlich ist, mit Wohlgefühl verwechseln. In der Regel wachen wir erst auf, wenn wir ernsthafte Probleme bekommen, wenn wir krank werden, wenn unsere Partnerschaft oder unsere Beziehung zu den Kindern zerbricht oder wenn sich drastische Misserfolge einstellen.

Dieses Buch schreibe ich, um Sie rechtzeitig daran zu erinnern, dass alles im Leben auch ganz anders sein könnte und dass Sie die Kraft zur Veränderung in sich tragen. Der Weg zu mehr Gesundheit, Erfolg und Lebensqualität beginnt mit der Suche nach unserem wahren Wesen mit all seinen Sehnsüchten, Fähigkeiten und Möglichkeiten. Indem wir unser Selbst wieder wahrnehmen und spüren können, entsteht ein größeres Bewusstsein über uns selbst – Selbstbewusstsein im eigentlichen Sinne, unabhängig von den Erwartungen anderer und von der Leistung, die wir bringen, und ganz unabhängig von dem, was andere Menschen über uns denken. Mit dieser Methode der dynamischen Entfaltung unseres Selbst, werden wir uns unseres Wesens, unserer Fähigkeiten und Möglichkeiten wieder bewusst und beginnen zu ahnen, wie wir unser Leben so gestalten können, dass es uns berührt und wir Freude und Glück empfinden.

Der erste Schritt zur Entfaltung unseres Selbst und zu einer freien und bewussten Lebensgestaltung besteht darin, auf unserer fortwährenden Suche nach äußerer Sicherheit und Geborgenheit innezuhalten und die Fragen zu stellen: Wer bin ich? Was will ich? Was entspricht mir? Wie will ich leben, dass ich berührt bin und mich mein Leben begeistert?

Die Suche nach unserem Wesen beschert uns nicht nur mehr Selbstbewusstsein und Ausgeglichenheit, sondern wird auch zu einem enormen Anwachsen unserer Energie führen, wenn wir seine Fähigkeiten und Möglichkeiten erst leben. Wesentlich zu leben, unserem Wesen entsprechende Sehnsüchte zu erfüllen und unseren Fähigkeiten Ausdruck zu verleihen, befreit unsere Wesensenergie und schenkt uns Gesundheit, Erfolg und Lebensqualität. Unser Wesen zu ignorieren und nach fremden Ideen zu leben, blockiert diese Energien und macht unser Leben anstrengend, problematisch und auch irgendwie sinnlos.

Viele Menschen, die gar nicht mehr wissen, dass sie ein individuelles Selbst haben, ersetzen die Suche nach dem Selbst durch die Suche nach Erfolg. Unter Erfolg verstehen sie aber nicht etwa die Tatsache, dass sie Freude und Liebe spüren, das Schöne finden und es in Dankbarkeit genießen, sondern eher finanziellen Erfolg, der Sicherheit suggeriert, und zwischenmenschlichen Erfolg im Sinne von Anerkennung und Bewunderung, die sie von anderen Menschen bekommen. Ob der Weg zu dieser Art von Erfolg Freude und Lebensqualität bringt, scheint gar nicht so wichtig. Genießen kann man ja später, wenn die Zeit der Erwerbstätigkeit von der ruhigen Zeit des Älterwerdens abgelöst wird. Der Beruf wird als Gelderwerb aufgefasst. Er muss nicht unbedingt Spaß machen; es reicht, wenn er auszuhalten ist. Die Partnerschaft muss gut und problemlos funktionieren. Ob sie von Liebe, Inspiration und Romantik getragen wird, ist nicht so wichtig. Das Haus muss ein eigenes Haus sein, gebaut für immer. Wie viele Schulden man dafür machen musste und wie viel Lebensqualität durch den erforderlichen Arbeitseinsatz verschwindet, ist nicht relevant. Dies sind übliche Verhaltensweisen, die uns zwar selten glücklich machen, die wir aber auch nicht hinterfragen, weil die meisten Menschen so leben und weil diese Art zu leben durch den Aufbau unseres sozialen Systems sogar fast vorgegeben ist.

Mit uns selbst, mit einem schönen erfüllten Leben hat dies alles jedoch höchst wenig zu tun. Diese Lebensweise raubt uns Energie, macht uns anfällig für Krankheiten, beschleunigt den Alterungsprozess und nimmt uns vor allem die Lust zu leben und unser Leben individuell um unser Wesen herum zu gestalten.

Es gibt aber noch einen Grund, warum wir eine solche Lebensweise akzeptieren: die Angst unterzugehen in einer Welt, in der nur der Starke überlebt und wo die Dinge ganz unabhängig von uns ablaufen, in einer Welt, die sich unserem Einfluss irgendwie entzieht und eigenen Gesetzmäßigkeiten folgt. Wir befürchten, dass unsere Freiheit vielleicht nur darin besteht, uns möglichst gut mit den Gegebenheiten zu arrangieren und uns möglichst unangreifbar zu machen, soweit dies überhaupt gelingen kann. Wir und der Rest der Welt scheinen nicht wirklich viel miteinander zu tun zu haben. Wir fühlen uns irgendwie ausgeliefert – den Viren, die unseren Körper bedrohen, oder politischen Entscheidungen, die unseren Freiraum und unseren Geldbeutel beschneiden, oder sogar unserem Partner, der uns mit seinen Launen auf Trab hält. All das kommt uns unübersichtlich und irgendwie bedrohlich vor. Für den Spiel- und Forschertrieb eines unbeschwerten Kindes scheint in einer so empfundenen Welt kein Platz zu sein. Das ist so weit auch nachvollziehbar, wenn die Annahme stimmen würde, dass der Lauf der Dinge im Umfeld nicht direkt etwas mit uns zu tun hat. Und genau das stimmt meiner Beobachtung nach nicht, sondern ist ein Produkt unserer mechanistischen Weltanschauung, die den Menschen immer noch als eine Art biologischer Maschine betrachtet.

Dass der Mensch ein vom Körper unabhängiges Bewusstsein besitzt, genau wie alle anderen Lebensformen und selbst die scheinbar tote Materie, und dass es ein großes göttliches Feld gibt, in dem alles entsteht und das alles trägt, ist für viele nicht mehr als eine attraktive Idee. Verinnerlicht und gelebt wird sie nur von wenigen. Das war in alten indianischen und östlichen Kulturen anders. Dort war man überzeugt, dass der Mensch im wesentlichen Bewusstsein ist, das einen Körper als Ausdrucks- und Wahrnehmungsorgan benutzt, aber eine eigenständige, körperunabhängige Existenz hat. Dieses Bewusstsein kann sich weit über die Körpergrenzen hinaus ausdehnen, es kann selbstständig wahrnehmen und sogar auf die Wirklichkeit Einfluss nehmen. Außerdem ist das Bewusstseinsfeld eines jeden Lebewesens – natürlich auch des Menschen – mit allen anderen Bewusstseinsfeldern in Kontakt und kann Energien und Informationen mit ihnen austauschen. Insofern gibt es keine Geheimnisse, und jeder hat durch die Energien, die er in seinem Bewusstsein pflegt, Einfluss auf alles. Daraus folgt (und das war in diesen alten Kulturen allgemein anerkanntes Wissen), dass alles, was in der Welt und besonders im persönlichen Leben eines Menschen geschieht, stark geprägt ist von seinen Gedanken und Gefühlen, Erwartungen und Ängsten und ganz besonders von seinem Selbstverständnis und Weltbild. Mit einem solchen Wirklichkeitsverständnis kann das Ziel des Menschen nicht darin bestehen, sich optimal auf eine von ihm unabhängige Welt einzustellen und sich vor unkontrollierbaren Gefahren zu schützen, die in dieser Welt lauern mögen, denn er prägt seine persönliche Wirklichkeit ja selbst. Vielmehr muss es ihm darum gehen, sein Leben ganz bewusst zu gestalten, und zwar durch einen gezielten Einsatz seiner geistigen Energien, die er deshalb zu kontrollieren trachtet. Ein Mensch mit dieser Weltanschauung fühlt sich nicht als Opfer, hat demnach auch keine Ängste und wird sich ganz auf eine wesentliche Lebensführung konzentrieren, die im Einklang mit der Natur und den göttlichen Schöpferkräften ist und Freude und Liebe in sein Leben bringt.

Ich selbst habe seit meiner Kindheit erlebt, dass diese Weltsicht der Wahrheit sehr viel näher kommt als alles, was ich bis dahin von meinen Eltern oder Lehrern gelernt hatte. Auf nächtlichen außerkörperlichen Reisen, die ich mache, seit ich zwölf Jahre alt bin, kann sich mein Bewusstsein als Energiekörper lösen, durch Raum und Zeit reisen und die Wirklichkeit auf eine tiefere Weise wahrnehmen. Dabei konnte ich schon sehr früh erkennen, dass von Menschen Energiefelder ausgehen, die sich verselbstständigten, weit durch den Raum treiben und eine Wirkung auf das Umfeld haben. Ich konnte auch sehen, wie diese ausgesendeten Energiefelder wieder zu den Menschen zurückkehrten, nachdem sie sehr viel ähnliche Energie aufgesammelt und sich damit enorm verstärkt hatten, und wie sie das Leben der jeweiligen Menschen entsprechend ihrer Prägung oder Natur beeinflussten und auch auf deren Körper wirkten. Später erkannte ich die verschiedenen Formen der ausgestrahlten Energien als Gedankenformen, Gefühlskugeln oder auch Nebel aus Phantasien und geistigen Bildern, die widerspiegelten, womit sich der Mensch bewusst beschäftigte, was er fühlte und worauf er seine Wahrnehmung richtete. Viel später konnte ich auch erkennen, dass viele Menschen Bewusstseinsinhalte pflegen, die sie irgendwann von außen übernommen hatten und die sie zu sich ständig wiederholenden Reaktionen veranlassen, die ihre erlebte Vergangenheit widerspiegeln. Im Gegensatz dazu entdeckte ich aber auch, dass es in jedem Menschen einen von diesen aufgesammelten Energien unberührten geistigen Kern mit großem Energiepotenzial gibt, der offenbar schon von vor Beginn eines Menschenlebens an existiert und nur darauf wartet, entdeckt zu werden. Ich begann also, die Wirkung der verschiedenen Bewusstseinsinhalte genau zu beobachten und die Gesetzmäßigkeiten zu untersuchen, nach denen die verschiedenen Energieformen des Bewusstseins – ich nenne sie Bewusstseinskräfte – im Menschen selbst wirksam werden und seine persönliche Lebenserfahrung, seinen Erfolg, seine Gesundheit oder ganz allgemein seine Lebensqualität bestimmen. Ich suchte nach Möglichkeiten, diese Bewusstseinskräfte in der Gegenwart, ganz unabhängig von der persönlich erlebten Vergangenheit zu formen, zu kontrollieren und zu nutzen, um damit den eigentlichen Wesenskern des Menschen zur Entfaltung bringen zu können.

Meine Beobachtungen führten mich zu einer Methode, die es ermöglicht, aus den Prägungen der Vergangenheit auszusteigen, die Möglichkeiten des eigentlichen Selbst zu entdecken und sie in das eigene Leben einfließen zu lassen. Dies ist ein aktiver, dynamischer Prozess, der mit einer bewussten Entscheidung beginnt und sich dann allmählich eigendynamisch und nicht mehr umkehrbar entfaltet. Er fördert Selbstbewusstsein und Integrität, führt uns in die völlige Selbstverantwortung und gibt uns ein Gefühl für jene Bewusstseinskräfte, mit denen wir unser Leben gezielt und frei so gestalten können, dass es unseren Sehnsüchten und Fähigkeiten entspricht. Das nenne ich Erfolg: die Fähigkeit erfolgen zu lassen, was wir erfolgen lassen wollen, und zwar überall und zu jeder Zeit, egal, wie unsere Vergangenheit war.

Muss man an die Wirksamkeit dieser Methode zur dynamischen Entfaltung des Selbst glauben, um sie erfolgreich umsetzen zu können? Nein, man muss nur für möglich halten, dass es funktionieren könnte, und bereit sein, die gewohnten Sichtweisen und scheinbar allgemeingültigen Erfahrungen der Vergangenheit vorübergehend beiseitezulassen, die vorgeschlagenen Übungen machen und genau beobachten, was passiert.

Wenn Sie sich also entschieden haben, Ihr Selbst entdecken und seine Kräfte freisetzen zu wollen, möchte ich Ihnen nun meine Beobachtungen über den geistigen Menschen und seine Bewusstseinskräfte erläutern.

Bewusstseinsbildung im Menschen

Wenn das menschliche Bewusstsein bei der Zeugung in unsere raumzeitliche Wirklichkeit eintaucht, wirft es gewissermaßen einen Anker, indem es sich an den Körper des Embryos bindet. Aber es identifiziert sich noch nicht mit dem Körper und ist auch noch nicht in dem Sinne als »Ich-Bewusstsein« ausgebildet, dass es sich mit seinem Körper identifizieren und gleichzeitig vom Rest der Welt abgrenzen könnte. In den ersten Monaten der Schwangerschaft nimmt es sich eher als formloses Bewusstseinsfeld wahr, das den Körper der Mutter ausfüllt, sich über dessen Grenzen hinaus erstreckt und mit dem Umfeld verschmilzt. Wie weit sich dieses Bewusstseinsfeld ausdehnt, ist unterschiedlich und ändert sich auch ständig, aber es durchdringt auf jeden Fall das von der Mutter wahrnehmbare Umfeld und identifiziert sich damit genauso wie mit der Mutter. Schon in dieser Phase wird das Bewusstsein des kleinen Menschen stark geprägt von allem, was sein Bewusstseinsfeld berührt, wobei die hauptsächliche Identifizierung die mit der Mutter ist. Das neue Bewusstsein empfindet sich als eins mit der Mutter. Durch ihren Filter, ihre Gefühle und Gedanken nimmt es sein Umfeld wahr. Es lebt in einer Art Wir-Bewusstsein. Was für die Mutter Gültigkeit zu haben scheint, ist auch für den im Mutterleib heranwachsenden Menschen real. Das Umfeld erlebt er zunehmend als etwas von der Mutter und deshalb auch von ihm Getrenntes und daher als weniger prägend.

In den Monaten vor der Geburt beginnt sich im Wir-Bewusstsein des Embryos allmählich eine eigene, individuelle Bewusstseinsqualität auszubilden, ein erstes Ich. Dieses Ich wird zwar noch hauptsächlich vom Bewusstsein der Mutter genährt und geprägt, entwickelt aber bereits eine erste Eigenständigkeit, indem es seine Wahrnehmung zunehmend auf den direkten Erfahrungsradius um seinen kleinen Körper ausrichtet und die Eindrücke, die ihm über sein ausgedehntes Wahrnehmungsfeld vermittelt werden, mehr und mehr unbeachtet lässt. Diese einseitige Ausrichtung der Wahrnehmung führt allmählich zu einer Wahrnehmungsschwelle, die das Bewusstsein in ein wachbewusstes Ich-Bewusstsein und ein unbewusstes, wenn auch viel wahrnehmungsstärkeres Unterbewusstsein trennt. Diese Wahrnehmungsschwelle ermöglicht es dem kleinen Menschen, sich sehr viel intensiver mit den Erfahrungen auseinanderzusetzen, die ihn selbst in seinem direkten Umfeld betreffen, und zwar frei von der Flut aller anderen Informationen, die aus den größeren Bereichen seines Bewusstseins zu ihm vordringen würden, wenn diese Schwelle nicht vorhanden wäre. Das Unterbewusstsein hält die Verbindung zur restlichen Wirklichkeit aufrecht, während sich das wachbewusste Ich zunehmend als Zentrum aller Erfahrungen wahrzunehmen beginnt. Mit seiner größeren Wahrnehmungsfähigkeit und aufgrund seiner Einheit mit vielen anderen Aspekten der Wirklichkeit ist das Unterbewusstsein einerseits ein Informationsträger, andererseits trägt es die verschiedensten Impulse des Bewusstseins als prägende Energien hinaus in die Welt.

Nach der Geburt baut sich das Ich-Bewusstsein immer stärker auf, die Wahrnehmungsschwelle zum Unterbewusstsein wird immer undurchlässiger, und das Ich verliert allmählich den bewussten Bezug zum Umfeld, zumindest soweit er über die bewusste Sinneswahrnehmung hinausgeht. Allmählich setzt der Ablösungsprozess von der Mutter ein, und schon in den ersten ein bis zwei Jahren entwickelt sich im Baby ein stark ausgeprägtes Ich, das eigene Erfahrungen machen möchte und bei der Mutter nur noch die Nahrung, den Schutz und die Geborgenheit sucht, an die es sich während der Schwangerschaft so sehr gewöhnt hat und die es nicht aufgeben will.

Die Auseinandersetzung mit dem Umfeld spielt eine zunehmend größere Rolle, Vater und ältere Geschwister werden immer prägender. Mädchen erleben eine stärkere Prägung durch weibliche Vorbilder, Junge durch männliche, wobei als Vorbild jede Person infrage kommt, die sich regelmäßig in der Nähe des Kindes aufhält, selbst wenn sie nicht zur Ursprungsfamilie gehören sollte.

Die Egobildung erfolgt ganz allmählich neben der Identifikation mit der Mutter und dem Umfeld, aber erst deutlich nach der Geburt. Bewusstseinsinhalte (Gefühle, Gedanken, Reaktionsweisen) von Umfeld und Mutter werden durch eine Art Erstprägung integriert. Bewusstsein bildet sich durch Zentrierung.

Mit der Ich-Bildung entsteht eine Wahrnehmungsschwelle, die das große Bewusstsein in Wachbewusstsein (= Ich) und Unterbewusstsein trennt.

Stufe 1: Einheitsbewusstsein
Der Embryo spürt keine Grenze zwischen Ich, Mutter und Umwelt. Alles ist ein Bewusstseinsmeer.

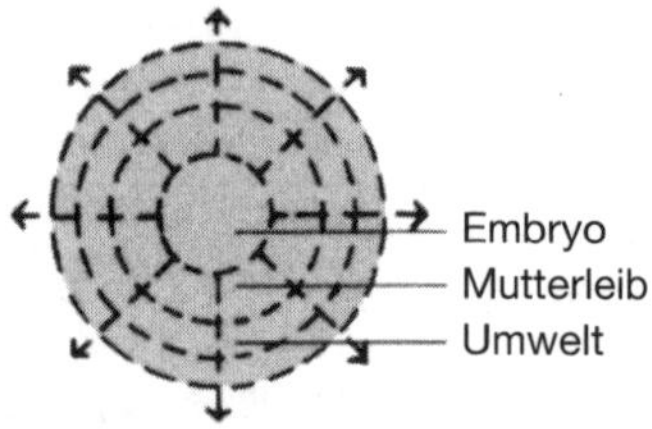

Stufe 2: Vorstufe zum Ich (Ich-Bewusstsein)
Das Ich grenzt sich zusammen mit dem Bewusstsein der Mutter als »Wir« gegenüber der Umwelt ab.

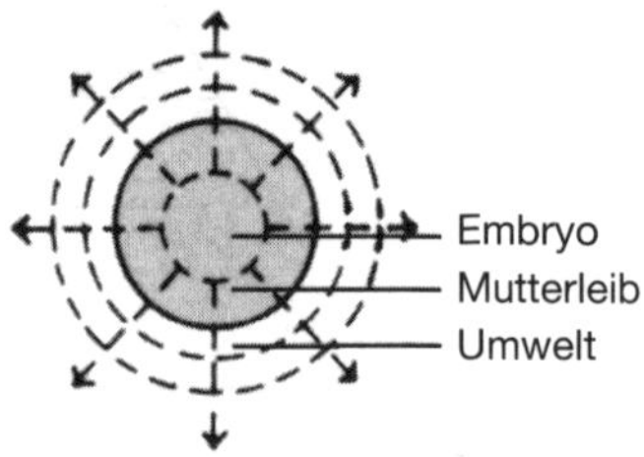

Stufe 3: Ich
Das Ich grenzt sich als eigenständiges Bewusstsein gegenüber der Mutter und der Umwelt ab.

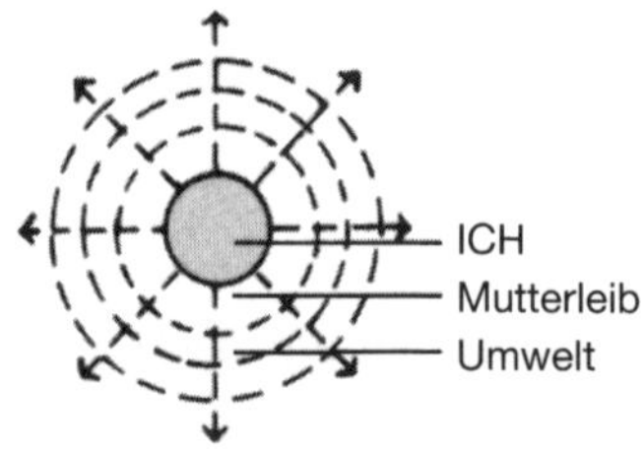

Bewusstseinsbildung vom Einheitsbewusstsein zum Ich (Ego)

Die Ebenen des Bewusstseins

Als Grundqualität unseres Unterbewusstseins kann man die Schicht bezeichnen, die unser Bewusstsein typisch menschlich macht und später die Erzeugung eines menschlichen Ichs ermöglicht (im Unterschied zu tierischen, pflanzlichen oder mineralischen Qualitäten). Dort ist *die Uridee des Menschlichen* an sich verankert, sozusagen das menschliche Urbewusstsein. Auf dieser Ebene sind alle Menschen miteinander verbunden, von hier kommen die

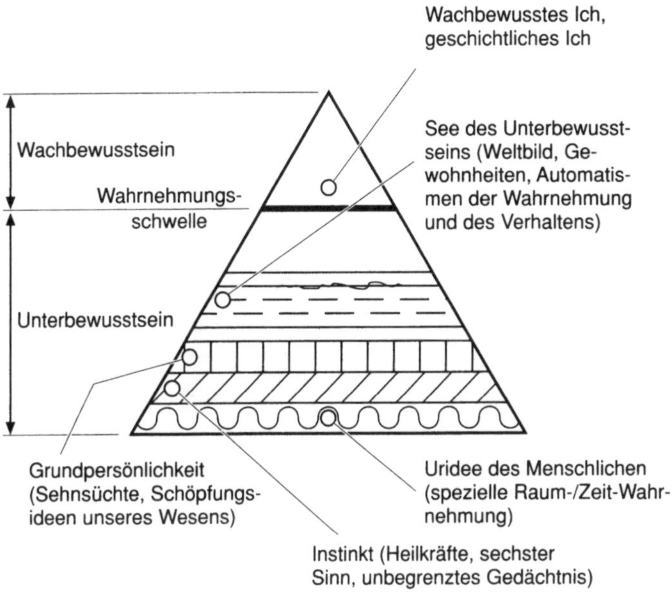

grundsätzlichen Wahrnehmungs-, Reaktions- und Verhaltensweisen, die allen Menschen eigen sind und die uns ganz wesentlich von anderen Bewusstseinsformen unterscheiden. Das wesentlichste aller menschlichen Merkmale ist aber wohl der freie Wille, aufgrund dessen der Mensch die Fähigkeit besitzt, nicht einfach automatisch seinen Triebkräften zu folgen, sondern frei zu entscheiden, welche Gefühle und Gedanken er haben und wie er handeln will.

Das wachbewusste Ich steht mit dem Umfeld nur noch über die Sinnesorgane in Verbindung und kann das über die Körpergrenzen Hinausgehende, das Raum und Zeit übergreifende Unterbewusstsein nicht mehr direkt wahrnehmen. Dennoch wird es von dort mit Informationen und Energien versorgt, die seine Wirklichkeitssicht und sein Wahrnehmungs- und Reaktionsverhalten stark formen. Die Wahrnehmungsmöglichkeiten des Wachbewusstseins sind im Verhältnis zu den Fähigkeiten und Möglichkeiten des Unterbewusstseins zwar sehr eingeschränkt, aber dafür kann es sich sehr viel besser auf sich selbst und das direkte Umfeld konzentrieren und die vielen Eindrücke und Erfahrungen leichter ordnen und verarbeiten. Worauf das Ich seine Wahrnehmung tatsächlich bewusst ausrichten kann und wie es dann mit dem Wahrgenommenen umgeht, ist allerdings stark abhängig von den im Unterbewusstsein gespeicherten Informationen, Gefühlen, Gedanken und Erinnerungen. Was wir in der Vergangenheit nicht erlebt haben oder was nicht als Eindruck, Erinnerung oder Glauben in unserem Unterbewusstsein gespeichert ist, übersehen wir in der Regel, weil es nicht in Resonanz zu unserem Unterbewusstsein geht. Und selbst wenn wir etwas ganz Neues über uns erfahren oder glauben wollen, können wir es nicht so ohne Weiteres gleichwertig mit den dort bereits vorhandenen Informationen in unserem Unterbewusstsein verankern, weil die Bewusstseinsschwelle wie ein Wahrnehmungsfilter funktioniert, der nur zu den alten Inhalten Passendes durchfließen lässt. Somit bleibt die einmal erfolgte Ausrichtung unseres Unterbewusstseins gewissermaßen von selbst erhalten. Als Folge bleiben auch unser Selbstverständnis und unser Weltverständnis so lange gleich, bis dieser automatische Kritikmechanismus irgendwie von außen unterbrochen wird.

Mir ist natürlich bewusst, dass dieses Bewusstseinsmodell das praktische Umgehen mit unseren Bewusstseinsebenen zwar erleichtert, aber in seiner Einfachheit nur eine vage Vorstellung von dem geben kann, was ich tatsächlich als die größere Wirklichkeit erlebe. Die Wirklichkeit oder das Sein besteht nicht nur aus all dem, was von unseren Sinnesorganen als Wirklichkeit wahrgenommen wird, sondern auch aus dem riesigen Bereich der außersinnlichen, also von unseren Sinnesorganen nicht direkt wahrnehmbaren Wirklichkeit, in dem sich andere Aspekte unseres Bewusstseins bewegen, von denen wir ebenfalls geprägt sind und deren Möglichkeiten wir auch nutzen können, sobald wir gelernt haben, sie in unser wachbewusstes Sein zu integrieren. Unsere Psyche ist ein offenes System aus Energie und Wahrnehmung, das sich ständig mit anderen Wirklichkeitsbereichen austauscht und dadurch verändert, auch wenn wir dies wachbewusst nur sehr begrenzt wahrnehmen können. Wenn wir aber darum wissen oder es zumindest als Möglichkeit in Betracht ziehen, können wir uns für die größeren Bereiche unseres Unterbewusstseins öffnen, unser Wirklichkeitsverständnis erweitern und unsere höheren Bewusstseinskräfte nutzen.

Die nächste Bewusstseinsqualität nenne ich *Instinkt*. Er sorgt dafür, dass der Mensch als körperliches Lebewesen möglichst sicher überleben kann, und verfügt über drei wichtige Fähigkeiten:

Erstens die Fähigkeit, aus Samenzelle und Eizelle einen funktionierenden Organismus aufzubauen, diesen an unterschiedlichste Randbedingungen anzupassen und bei Bedarf zu regenerieren und zu heilen.

Seine Heilintelligenz übersteigt unser schulmedizinisches Wissen bei Weitem, und er scheint genauso wenig Hilfe zu brauchen, um krank zu werden, wie er Hilfe braucht, um wieder zu gesunden, wenn man ihn in Ruhe seine Arbeit tun lässt. Oft reicht es beispielsweise völlig aus, den Körper ruhig zu stellen oder schlafen zu lassen, nichts zu essen und nur etwas Wasser zu trinken, um die körpereigenen Selbstheilungskräfte erfolgreich zu aktivieren. Zu den regenerierenden und heilenden Qualitäten des Instinktes gehört natürlich auch die Fähigkeit, sich wechselnden Umweltbedingungen anzupassen, auf Temperaturveränderungen zu reagieren, Krankheitserreger abzuwehren und Verletzungen selbstständig zu reparieren. Auch aus dem Tierbereich bekannte Überlebensstrategien, die sich beispielsweise als Revierverteidigungs- oder Fortpflanzungstrieb äußern, sind Teile des menschlichen Instinktes, im Unterschied zum Tierreich allerdings dem freien Willen unterworfen.

Zweitens die Fähigkeit, alles, was wir jemals mit unseren Sinnesorganen wahrgenommen, erlebt oder gelernt haben, zu speichern und eine Art Gedächtnisreservoir anzulegen, das wir nur anzapfen müssen, und zwar über den kontrollierten Umgang mit unseren Gefühlen. Denn alles, was wir je erlebt haben, ist zusammen mit den damit verbundenen Gefühlen gespeichert und kann über den Kontakt mit diesen auch wieder abgerufen werden. Zwischen sinnvollen und sinnlosen Inhalten wird dabei allerdings nicht unterschieden, was sich im Alltag oft als sehr lästig erweist. Diese Fähigkeit hat aber auch einen sehr praktischen Nutzeffekt, nämlich den, dass wir alle möglichen Handlungs- und Reaktionsmuster, die wir einmal gelernt haben, irgendwann automatisch wiederholen können, ohne dass unser wachbewusstes Ich die Kontrolle darüber behalten muss und sich stattdessen mit wichtigeren Dingen beschäftigen kann. Wir können beispielsweise aufmerksam Auto fahren, ohne dass unsere Konzentration beim Bremsen, Kuppeln oder Gasgeben sein muss. Diese Automatisierung von Handlungsabläufen ist für unser Überleben und eine wirksame Lebensgestaltung sehr wichtig, kann allerdings Probleme machen, wenn etwas falsch abgespeichert wurde. Wenn ich zum Beispiel beim Golfspielen einmal einen schlechten Abschlag gelernt habe, ist es enorm schwierig, diesen wieder zu korrigieren.

Drittens die Fähigkeit, die eigene Wahrnehmung über die Körpergrenzen hinaus durch Raum und Zeit auszudehnen, also in den außersinnlichen Bereich unserer Wirklichkeit hinein, welcher der bewussten Wahrnehmung verschlossen bleibt. Ein kleiner Teil der aufgenommenen Informationen dringt durch die Wahrnehmungsschwelle an die Oberfläche unseres Ichs, der größte Teil bleibt jedoch unbewusst und muss gezielt abgerufen werden, damit unser wachbewusstes Ich nicht von einer Informationsflut überschwemmt und in seiner konzentrierten Ausrichtung auf die wachbewussten Aspekte des Lebens gestört wird. Ein Aufflackern dieser paranormalen Eindrücke nehmen wir als sechsten Sinn wahr, der uns gelegentlich Informationen beschert, von deren Herkunft wir keine Ahnung haben.

Während der Instinkt grundsätzlich auf das Überleben des Menschen zielt, geht es in der nächsten Schicht des Unterbewusstseins darum, diesem Überleben einen Sinn zu verleihen. Hier erfahren wir, dass wir nicht einfach überleben wollen, sondern dass wir leben, weil wir bestimmte Erfahrungen machen, bestimmte Dinge erlernen und etwas schaffen oder erschaffen wollen, worin wir uns zum Ausdruck bringen, spüren und entfalten können.

Ich nenne diese Schicht *die Grundpersönlichkeit oder das Wesen* des Menschen. Sie ist schon im Moment unserer Zeugung vorhanden und hat nichts mit all den Erfahrungen zu tun, die wir im Laufe unseres Lebens machen. Ob wir die Grundpersönlichkeit aus anderen Leben mitbringen oder ob sie durch unsere Erbmasse vorgegeben ist, spielt für diese Betrachtung keine Rolle. Sie existiert von Anfang an und macht uns individuell und einzigartig. In ihr sind all unsere Eigenarten festgeschrieben, unsere Fähigkeiten, Bedürfnisse, Sehnsüchte und damit auch die Möglichkeiten, die wir in dieses Leben mitgebracht haben.

Die verschiedenen Aspekte dieser Grundpersönlichkeit veranlassen uns, auf eine Art und Weise mit dem Leben umzugehen, die uns entspricht, Befriedigung gibt und erfolgreich sein lässt. Deshalb nenne ich sie Motivationskräfte. Es sind gewissermaßen Energien und Möglichkeiten, die uns zur Verfügung stehen und die wir zum Ausdruck bringen wollen und müssen, wenn wir das Leben als sinnvoll und intensiv erleben wollen. So betrachtet ist diese Bewusstseinsschicht auch die Ebene unserer Lebensabsicht oder Bestimmung.

Motivationskräfte geben unserem Handeln Antrieb, erzeugen Visionen und machen uns lebendig, auch wenn unser Leben längst abgesichert ist. Wir haben zu jeder Sehnsucht eine Fähigkeit, die sie in Erfüllung gehen lassen kann. Und jede Fähigkeit äußert sich in einem entsprechenden Bedürfnis, sie zum Ausdruck zu bringen und zu entfalten. Sehnsüchte, Bedürfnisse und Fähigkeiten passen zusammen und bilden Energiepäckchen, die oft nur schwer zum Ausdruck gebracht werden können. Aber irgendwann kommt die Zeit, wo Sehnsüchte, Fähigkeiten und äußere Umstände nahtlos zusammenpassen und die Umsetzung ganz leichtfällt, zumindest wenn die Bereitschaft besteht, die Vergangenheit hinter sich zu lassen.

Wenn die Energien der Grundpersönlichkeit frei fließen können, erlebt der Mensch Wellen von Veränderung in seinem Leben, einen natürlichen Rhythmus des Wandels, der genau seinem Wesen entspricht und immer wieder andere, scheinbar neue Sehnsüchte ans Licht bringt, die exakt zur Zeitqualität passen. Während dieser Veränderungsphasen, die oft im Sieben-Jahres-Rhythmus erfolgen, scheint sich auch die Persönlichkeit des betreffenden Menschen zu verändern. In Wirklichkeit verändert sich aber nur sein Ausdruck, weil andere Wesensaspekte, andere Energiepäckchen ans Licht drängen und gelebt werden wollen. Insgesamt ist er immer noch der Gleiche, aber er spielt neue Rollen. Interessant sind in diesem Zusammenhang auch die energetischen Bestrahlungen oder Begünstigungen, zum Beispiel die Energie der Sterne oder Zahlen, die zu einer gewissen Zeit auf einen Menschen zu wirken scheinen. Mit Hilfe der Astrologie und der Numerologie lässt sich in etwa beschreiben, welche Aspekte eines Wesens zu welcher Zeit und unter welchen Umständen wohl ans Licht kommen und welche Schwierigkeiten es dann gibt. Ohne ständige Veränderung des Lebens und des eigenen Ausdrucks ist es nicht möglich, das eigene Wesen zu leben und seine Bestimmung zu finden. Wer sich dem Neuen verschließt, beginnt sich im Gelebten zu wiederholen. Wer die Veränderung scheut, tut mehr und mehr Dinge, an denen ihm nichts liegt und die er vielleicht sogar ablehnt, während er das versäumt, was ihm Freude machen und Energie geben würde. So wird der Kontakt zwischen dem Ich und dem eigenen Wesen immer lockerer, Misserfolge, Probleme und Krankheit stellen sich ein, weil sich ein immer größerer Energiemangel aufbaut.

Wenn wir dagegen auf unsere Sehnsüchte hören, unsere Fähigkeiten schulen und stets für Veränderungen offen sind, haben wir grenzenlosen Zugang zu unserer Persönlichkeitsenergie und können unser Leben erfolgreich so gestalten, wie es uns entspricht. Leider gibt es nur wenige Menschen, die so leben. Der Grund dafür ist in der nächsten Schicht unseres Unterbewusstseins zu suchen, zu der wir meistens mehr Verbindung pflegen als zu unserem Wesen oder unserem Instinkt.

Es ist *der See des Unterbewusstseins,* wie ich ihn nenne, in den alle Prägungen eingeflossen sind, denen wir im Laufe unseres Lebens ausgesetzt waren. Obwohl diese Bewusstseinsschicht nicht von Anfang an ein Teil von uns war, wurde sie für die meisten Menschen mit der Zeit wichtiger als der Instinkt und die Grundpersönlichkeit, denn wir haben gelernt, unsere erlebte Geschichte so wichtig zu nehmen und uns als Produkt unserer Vergangenheit zu sehen. Wir geben unserem geschichtlichen Ich viel zu viel Bedeutung und versorgen so den See ständig mit Energie. Es sind eigentlich nicht die Inhalte des Sees, die uns später so zu schaffen machen, sondern eher die Bedeutung, die wir ihnen geben, und die Tatsache, dass uns dadurch die Wahrnehmung unseres Wesens abhanden kommt. Dies geht so weit, dass viele Menschen nicht einmal mehr glauben, dass sie ein Wesen haben, sondern sich nur noch als geschichtliches Ich verstehen, dessen Freiheit darin besteht, die erlebte Geschichte zu verstehen und das Beste daraus zu machen.

Grundsätzlich besteht der Sinn des unterbewussten Sees darin, über seine Inhalte leichter Wege zu finden, wie wir unser Wesen erfolgreich auf die äußere Welt übertragen können. Alle Ideen und Glaubenssätze, alle Betrachtungsweisen und Bewertungen der Wirklichkeit fließen dort hinein, und zwar genau so, wie sie uns zunächst von der Mutter und dann von anderen Bezugspersonen und Vorbildern vermittelt wurden. Dies geschieht, weil menschliches Bewusstsein grundsätzlich lernt, indem es sich mit äußeren Reizen und Impulsen identifiziert. Und in der frühen Kindheit geschieht es noch ohne jeden kritischen Filter, weil ein Kind noch keine eigenen Erfahrungen gemacht hat, mit denen die Informationen verglichen werden könnten. Also werden sie einfach ins Bewusstsein integriert. Auf diese Weise entstehen schon bald ein Selbstverständnis und eine Weltsicht, die den Prägungen entsprechen und zur Grundlage für das spätere Wahrnehmungs- und Ausdrucksverhalten werden. Grundsätzlich sind die übernommenen Sichtweisen natürlich weder positiv noch negativ. Wie sie sich auf unser Leben auswirken, hängt einzig davon ab, ob sie uns beim Ausdruck unseres Wesens unterstützen oder schlimmstenfalls sogar blind gegenüber dem machen, was wir wirklich sind.

Grundsätzlich kann unser Wesen allerdings nicht gänzlich verschieden sein von den Energien unserer Eltern oder des Umfeldes, in das wir hineingeboren werden. Sonst würde das Eintauchen unseres Wesens in dieses Leben keinen Sinn machen, denn ohne jede Entsprechung könnte es sich ja nicht entfalten. Mindestens einige Energiepäckchen müssen den Eltern oder auch den Energien des Umfeldes und des Zeitgeistes entsprechen. Ob diese dann auch zum Ausdruck kommen, ist eine andere Frage.

Auf jeden Fall sollten im unterbewussten See die Informationen und Spielregeln gespeichert werden, die ein Kind braucht, um seine Päckchen wirksam entfalten zu können, was allerdings bei den meisten Menschen nur bedingt der Fall ist. Viele Sichtweisen und Regeln verhindern die Entdeckung und Entfaltung unseres Selbst eher, als sie zu fördern.

Die Prägungsphase oder Ersthypnose

Das Erlernen der Spielregeln in Verbindung mit einem entsprechenden Selbstverständnis und einer vorgeprägten Sicht der Welt erfolgt in mehreren Phasen, bis das Kind schließlich die Fähigkeit erwirbt, die Welt auf seine eigene Weise wahrzunehmen und sich allmählich auch als eigenständiges, selbstbewusstes Ich auszudrücken. Natürlich spiegelt dieses Ich selten das eigentliche Wesen des Menschen wider, sondern eher die Prägungen durch unterschiedliche Vorbilder.

Die erste Lernphase beginnt schon im Mutterleib, wo das Bewusstsein des neuen Menschen sich zwar im Embryo verankert hat, den Embryokörper aber auch immer wieder verlässt, um sich ganz allmählich an die körperliche Begrenzung und die physische Art von Wirklichkeit zu gewöhnen. Babys schlafen so viel, weil ihr Bewusstsein in dieser Zeit überhaupt nicht im Körper sein will, sondern sich in der raum- und zeitlosen Wirklichkeit, aus der die Seele des Kindes stammt, wieder ins Gleichgewicht bringt und die neuen Eindrücke ordnet und verdaut. Erst allmählich beginnt sich die zeitlose Seele an Raum und Zeit zu gewöhnen, ihre Wahrnehmung anzupassen und gegenwärtig zu werden.

Der Schlaf stellt eine natürliche Rückzugsphase dar, in der wir auch noch später als Erwachsene unsere innere Bindung an diese Wirklichkeit mit all ihren Begrenzungen und Problemen aufgeben und durch das Eintauchen in unsere raum- und zeitlose Dimension wieder ins Gleichgewicht kommen. Dort verarbeiten wir alles Erlebte und wir haben die notwendige Distanz, um uns wieder neu ausrichten zu können. Deshalb ist der Schlaf so wichtig und heilsam.

Die im See des Unterbewusstseins gespeicherten Informationen, Glaubenssätze, Sichtweisen und Verhaltensmuster sollen uns als Kind helfen, uns in der Wirklichkeit zurechtzufinden, in die wir als ewiges Bewusstsein eingetaucht sind. Sie formen unser Selbstverständnis und unser Weltbild unabhängig davon, ob es den Tatsachen entspricht und allgemein gültig ist oder nur die begrenzten Sichtweisen unserer Vorbilder widerspiegelt.

Aspekte dieses Selbstbildes, die unserem Wesen entsprechen, sind für uns positiv, machen uns stabil, aktivieren unsere Motivationskräfte und werden auch von unseren Eltern unterstützt, wenn sie sich selbst darin erkennen. Enthält unsere Grundpersönlichkeit jedoch Sehnsüchte, Bedürfnisse und Fähigkeiten, die von den Eltern nicht geteilt oder zumindest nicht gelebt und deshalb auch nicht erkannt werden, wird es schwieriger für uns. Wir bekommen keine Informationen, die uns helfen könnten, diese Aspekte in uns zu spüren und schon gar kein Vorbild dafür, wie wir ihnen Ausdruck verleihen könnten. Und selbst wenn diese Aspekte sehr stark sind und gelegentlich aufflackern, werden sie von den Eltern nicht erkannt und daher auch nicht unterstützt, manchmal sogar unterdrückt. Habe ich beispielsweise eine sehr spontane, kreative und künstlerische Veranlagung, werde ich diese schwer entdecken und entfalten können, wenn meine Eltern sehr vernunftbetonte, schlichte Menschen sind, denen es im Leben hauptsächlich auf Sicherheit und klare Strukturen ankommt. Sie werden mir selbstverständlich ihre Art mit dem Leben umzugehen vermitteln, weil diese sich für sie bewährt hat.

Wie diese Prägungen zustande kommen und wie hartnäckig sie sich oft ein Leben lang halten, mag dieses Beispiel verdeutlichen: Nehmen wir an, eine Mutter überträgt auf ihre Tochter die Einstellung, Frauen seien grundsätzlich kränklich und schwach und es sei deshalb ernorm wichtig für sie, sich immer »richtig« anzuziehen, also gut geschützt gegen Wind, Regen und Kälte. Die Tochter befolgt diesen Rat so lange, bis in ihrem unterbewussten See die Überzeugung verankert ist, für eine empfindliche Frau sei jedes widrige Wetter möglicherweise gefährlich. Also achtet sie immer sorgfältiger auf entsprechenden Wind- und Regenschutz, bis sie ihn einmal vergisst. Natürlich kommt das Unwetter genau zur rechten Zeit und sie wird aufgrund ihrer Überzeugungen krank. Die Krankheit überzeugt sie noch mehr davon, wie wichtig ein guter Wetterschutz ist, beziehungsweise, welch gefährliche Folgen es für Frauen hat, wenn sie widrigen Klimaeinflüssen ausgesetzt sind. Wahrscheinlich wird diese Frau aufgrund ihrer Prägung und Ausstrahlung dann auch vor allem solche Frauen in ihrem Umfeld bemerken, denen es ganz ähnlich geht, sich entsprechend bestätigt fühlen und alles andere einfach ausblenden. Und selbst wenn ein Arzt ihr erzählen würde, dass Frauen eigentlich das starke und widerstandsfähige Geschlecht sind (wie sonst könnten sie Schwangerschaft und Geburt so gut überstehen), würde diese Information aufgrund ihrer gegenteiligen Überzeugung und Prägung wohl kaum in ihr Unterbewusstsein sinken und die alten Inhalte ausgleichen können.

Der unbewusste See, der mit den Informationen aus unserem Umfeld geprägt wurde, liegt wie ein Schleier über unserer Grundpersönlichkeit und bildet allmählich einen neuen Wahrnehmungsfilter, der nur noch Impulse durchlässt, die dem Inhalt des Sees entsprechen. Je länger und eindeutiger der See geprägt wurde, desto weniger neue und anders ausgerichtete Informationen können in ihn eindringen und desto unwahrscheinlicher ist es, dass wir an die unbewussten Inhalte unseres Wesens erinnert werden und diese klar genug spüren, um sie zum Ausdruck bringen zu können. Irgendwann geraten all die Wesensaspekte in Vergessenheit, zu denen wir keine anregenden oder bestätigenden Informationen erhalten haben. Stattdessen entwickeln wir eine Scheinpersönlichkeit, für die wir wenige Voraussetzungen mitgebracht haben und die nur sehr schwer aufrechtzuerhalten ist.

Der Prägungsprozess, der letztendlich zur Entstehung unseres unterbewussten Sees führt, kommt einer Informationsübertragung gleich, wie sie in Hypnose erfolgen würde. Kennzeichnend für einen hypnotischen Zustand ist nämlich, dass zwischen Hypnotiseur und Hypnoseobjekt etwas aufgebaut wird, was man Rapportkanal nennt. Durch diesen Rapportkanal wird jede Information vom Empfänger kritiklos aufgenommen, weil er in diesem Zustand keine bewusste eigene Einstellung dazu aufbauen kann. In genau dieser kritiklos aufnahmebereiten Position befindet sich das kindliche Bewusstsein in der ersten Prägungsphase, die während der Schwangerschaft beginnt und nach der Geburt noch etwa zwei Jahre anhält. Deshalb nenne ich diese Prägungsphase auch die Zeit der Ersthypnose. Die in dieser Ersthypnose aufgenommenen Inhalte bestätigen sich wie die in normaler Hypnose aufgenommenen Informationen immer wieder selbst, weil wir die Wirklichkeit durch unseren Wahrnehmungsfilter betrachten und bevorzugt das sehen und erleben, was dazu passt und die entsprechenden Inhalte zu bestätigen scheint. Unsere Reaktion auf das Wahrgenommene verstärkt die Tiefe der hypnotischen Prägung immer mehr. Das ist ein eigendynamischer Prozess, in dem wir schließlich so gefangen sind, dass wir ihn selbst nicht mehr durchschauen können. Es bräuchte einen starken Impuls von außen, so deutlich, dass wir ihn trotz unseres Wahrnehmungsfilters nicht ausblenden können. Diese hypnotische Ausrichtung unseres unterbewussten Sees formt unsere Wahrnehmung und mit ihr unsere Gedanken- und Gefühlswelt. Und da alles, was wir denken und fühlen und worauf wir unsere Wahrnehmung richten, uns selbst, unseren Körper und letztlich auch unsere Lebenserfahrung prägt, bestimmen diese unbewussten Inhalte unser ganzes Leben.

Unser Ich denkt in der Regel, dies wären seine eigenen Gedanken und Gefühle und kann überhaupt nicht wahrnehmen, wie unfrei es ist, beziehungsweise, dass es unbewussten Automatismen folgt. Hinzu kommt, dass sich die Energien und Inhalte der Grundpersönlichkeit und des Instinktes nur dann an die Oberfläche des wachbewussten Ichs hocharbeiten können, wenn sie durch den Filter des Sees gelassen wurden. Das heißt: Wir können gar nicht so ohne Weiteres auf die verborgenen Inhalte unseres Wesens zugreifen, solange unser unterbewusster See seine eindeutige Ausrichtung und seine Filterfunktion aufrechterhält.

Wenn es stimmt, dass alles, was wir erleben und was in Form von Menschen, Situationen und Gelegenheiten auf uns zukommt, eine Art Spiegel für das ist, was wir über uns und die Welt denken und fühlen, müssen wir unsere Gefühle und Gedanken, unsere Phantasie und unsere Wahrnehmung bewusst lenken und kontrollieren können, und zwar völlig unabhängig von geschichtlichen Prägungen – aus der Gegenwart für die Zukunft. Aus dieser Perspektive interessiert nicht, warum, wie und durch wen bestimmte Inhalte in den See unseres Unterbewusstseins gelangt sind. Viel wichtiger sind die Fragen: Welche Inhalte sollen von jetzt an prägend sein? Wie kann ich diese neuen Inhalte im See verankern und aktiv nutzen? Und wie kann ich sichergehen, dass diese neuen Inhalte mir helfen, mein Wesen zu leben und meine Bestimmung zu finden?

Die Möglichkeiten unseres Bewusstseins

Paranormal begabte Menschen wie Uri Geller und Thomaz Green Morton oder sogenannte Heilige wie Sai Baba zeigen, wozu ein klar ausgerichteter Geist in der Lage ist. Sie heilen Menschen mit der Kraft ihrer Vorstellung, sogar über weite Entfernungen hinweg, sie dematerialisieren und materialisieren Gegenstände durch klare Absicht und lenken Ereignisse über die prägenden Fähigkeiten ihres Bewusstseins. Rupert Sheldrake, ein britischer Biologe und Verhaltensforscher hat in unzähligen Versuchen die Existenz alles verbindender geistiger Felder unterstellt, über die Informationen und Absichten zwischen Menschen, Tieren und Pflanzen ausgetauscht werden. Diese morphogenetischen Felder wären eine wissenschaftliche Erklärung für die prägenden Fähigkeiten paranormal begabter Menschen und geistiger Heiler und würden auch leichter nachvollziehbar machen, warum all unsere Gefühle, Gedanken und Phantasien Wirkung zeigen und es nichts Geheimes gibt.

Wir alle beeinflussen unser Leben mit der Art und

Weise, wie wir unsere Bewusstseinskräfte gebrauchen. Ich arbeite seit über fünfundzwanzig Jahren als Heiler und habe viele Wunder erlebt. Viele Male habe ich mein Bewusstsein auf Reisen geschickt, um Vermisste zu suchen. Ich weiß, dass unser Bewusstsein nicht an den Grenzen unseres Körpers aufhört, sondern durch Raum und Zeit greift. Wenn wir wirklich ein freies Lebens führen wollen, müssen wir unsere geschichtliche Opferhaltung aufgeben, uns unserer Bewusstseinskräfte bewusst werden und nach unserem Wesen suchen.

Die dynamische Entfaltung des Selbst

Wir müssen lernen, unsere Prägungen zu durchschauen, und erkennen, dass wir dahinter ewige Wesen sind – mit individuellen Sehnsüchten, Eigenschaften und Fähigkeiten, die zum Ausdruck kommen wollen, und dass dies sogar der eigentliche Sinn unseres Lebens ist. Wir müssen wieder Zugang finden zu unseren Persönlichkeitsenergien und erkennen, wann und in welcher Form wir diese am besten entfalten können.

Meine Methode der dynamischen Entfaltung des Selbst kann dabei helfen. Sie basiert auf den Gesetzmäßigkeiten, nach denen sich die Energien in den verschiedenen Bewusstseinsschichten entfalten und in uns selbst und unserem Leben Form annehmen. Mit ihrer Hilfe können Sie die Inhalte Ihres unterbewussten Sees gezielt und wirksam verändern und wieder Kontakt zu Ihrem Wesen und Ihrer Grundpersönlichkeit aufnehmen. Sogar der Zugang zu den Fähigkeiten Ihres Instinktes wird vereinfacht, was Ihnen bei der erfolgreichen Gestaltung Ihres Lebens von großem Nutzen sein wird.

Unsere Freiheit beginnt mit der Fähigkeit, den Prägungen unserer Geschichte zu entgehen, die Vergangenheit bedeutungslos werden zu lassen und neue Inhalte in den See unseres Unterbewusstseins einzuprägen. Es geht also nicht nur darum, unser wachbewusstes Ich von neuen Inhalten zu überzeugen (was relativ einfach, aber bedeutungslos ist), sondern neue, für die Entfaltung unseres Selbst günstige Inhalte direkt in den See einzubringen, und zwar an der kritischen Wahrnehmungsschwelle vorbei.

Über meine beratende und therapeutische Arbeit mit Menschen und durch genaues Beobachten ihrer Verhaltens- und Reaktionsweisen während der Sitzungen habe ich zwei Methoden gefunden, mit denen dies relativ einfach möglich ist. Das Besondere dabei ist, dass man diese Methoden auch ganz allein für sich selbst anwenden kann und nicht unbedingt eine andere Person – Berater oder Therapeut – dazu braucht.

Bei der ersten Methode versuche ich den Wahrnehmungsfilter auszuschalten, indem ich ihn einschlafen lasse. Bei der zweiten Methode lenke ich die bewusste Wahrnehmung so stark in eine Richtung, dass ich dann gewissermaßen von der anderen Seite, an der Wahrnehmungsschwelle vorbei direkten Zugang zum unterbewussten See erhalte.

Auf die Idee, dass die erste Methode funktionieren könnte, kam ich durch eine einfache Beobachtung an mir selbst. Ich fuhr eines Nachts ziemlich müde auf der Autobahn, als ich mich plötzlich wundern musste, weil ein Haus von rechts nach links über die Autobahn lief, ohne den Blinker zu setzen. Kurz danach verwandelte sich ein über der Autobahn hängendes Hinweisschild in einen Lastwagen, der zum Glück hoch genug über mich hinwegfuhr. Was ich daran überhaupt nicht merkwürdig fand, war, dass Häuser normalerweise nicht über die Autobahn gehen und Lastwagen nicht in vier Meter Höhe fahren. Erst zu Hause wurde mir klar, dass ich mich offensichtlich an der Grenze zum Schlaf befunden hatte. Traumbilder hatten sich mit realen Wahrnehmungen gemischt und mein kritischer Wahrnehmungsfilter hatte keinen Anstoß daran genommen, obwohl es genügend Informationen in meinem Unterbewusstsein gegeben haben muss, die das für unmöglich gehalten hätten. Die einzige Erklärung, die ich dafür hatte, war, dass der Wahrnehmungsfilter an der Schlafgrenze, also kurz vor dem Einschlafen nur noch sehr eingeschränkt, wenn überhaupt aktiv ist, sodass ungewöhnliche Inhalte einsinken oder auch aus den Tiefen des Unterbewusstseins auftauchen können.

Nachdem ich dies erkannt hatte, probierte ich verschiedene Entspannungstechniken aus, unter anderem die auf meinen Übungs-CDs verwendeten dreidimensionalen Rauschformen, die meine Klienten an die Grenze zum Schlaf brachten, manchmal sogar leicht darüber hinaus. Das heißt: Sie bewegten sich an der Schlafgrenze und konnten dabei über neuartige Ideen sprechen, Fähigkeiten empfinden und Phantasien entwickeln, zu denen sie vorher keinen Zugang hatten. Oder ich stellte ihnen die schwierigsten Fragen und sie sollten antworteten. Der Erfolg war ernorm. Die Klienten konnten sich sofort mit ganz neuen Ideen anfreunden und sie in ihr Denken und Fühlen integrieren, selbst wenn sie genau diese Ideen kurz zuvor wachbewusst noch vehement abgelehnt hatten. Andererseits konnte ich aus ihrem Unterbewusstsein Glaubenssätze und Automatismen im Verhalten oder in der Wahrnehmung abrufen, verstehen und ändern, die im wachbewussten Zustand nicht einmal zugänglich gewesen waren. Die Aufnahmebereitschaft für neue Ideen und die Zugangsmöglichkeiten zu scheinbar unbewusstem Wissen waren ernorm, die Wahrnehmungsschwelle verlor ihre lenkende und filternde Wirkung. Welche der vielen Entspannungsmethoden ich benutzte, um den Klienten an die Schlafgrenze zu führen, spielte offenbar überhaupt keine Rolle. Autogenes Training, entspannende Musik, Meditationstechniken oder auch Methoden, wie sie häufig zur Einleitung von Hypnosetechniken benutzt werden, funktionierten alle gleich gut – übrigens auch dann, wenn sie später selbstständig praktiziert wurden, also ohne meine Hilfe.

Interessanterweise erleben wir diesen Zustand täglich kurz vor dem Einschlafen oder morgens beim Aufwachen ähnlich intensiv. Allerdings ist die Phase dann meist viel zu kurz, als dass sie wirksam zum Prägen des Unterbewusstseins genutzt werden könnte.

Auf meinen Übungs-CDs (siehe Seite 192 f.) kommt eine Klangtechnik zum Einsatz, die den Hörer nicht nur in diesen tief entspannten Zustand an der Schlafgrenze führt, sondern ihn auch lange genug dort hält, um erwünschte neue Inhalte ins Unterbewusstsein einfließen zu lassen und dort zu verankern. Dazu genügt es, intensive Phantasien aufzubauen und sich ganz darin zu empfinden und damit zu identifizieren. Die neuen Inhalte beginnen sofort zu wirken, auch wenn dies nach außen hin vielleicht nicht sofort sichtbar ist. Eine deutliche Veränderung in unseren Verhaltens- oder Wahrnehmungsmustern zeigt sich nämlich erst dann, wenn die neuen Inhalte energetisch so stark geworden sind, dass sie die alten überlagern. Wie lange es dauert, bis eine solche Überlagerung stattfindet, hängt davon ab, wie häufig man übt und mit welcher Gefühlsintensität die neuen Inhalte eingegeben werden.

Die zweite Methode habe ich während meiner Arbeit als Hypnosetherapeut entdeckt. Sie basiert auf der Beobachtung, dass die Hypnose-Einleitungsmethoden, die ich bei meinen Klienten einsetzte, zwar scheinbar sehr unterschiedlich sind, aber letztlich alle auf einem ähnlichen Prinzip beruhen: Sie versuchen die Aufmerksamkeit des Klienten über einen einzigen starken Reiz, beispielsweise ein strahlendes Licht, oder sich ständig wiederholende Reize, etwa schnell aufeinanderfolgende Lichtblitze, zu fesseln. Ob diese Reize über die Augen, die Ohren oder körperliche Empfindungen aufgenommen werden, spielt dabei keine Rolle.

Sobald die Aufmerksamkeit des Klienten auf diese Weise gefesselt war, leitete ich die Hypnose ein, indem ich der Person sagte, was sie gleich fühlen oder erleben werde, zum Beispiel: Die Augenlider werden schwer werden und lassen sich nicht mehr öffnen. Das Umfeld versinkt im Dunkeln und in der Stille – nur ich bin noch da. Und sofort begann die Person die vorgegebenen Empfindungen nachzuempfinden, und mehr noch: Sie erlebte sie genau so. Meine Erklärung dafür war, dass die intensiven Sinnesreize, denen die Personen ausgesetzt waren, ihre Wahrnehmung so vereinnahmten, dass sich sogar die kritische Wahrnehmungsschwelle darauf ausrichtete, während der Rest des Unterbewusstseins offen dalag und nicht nur mit neuen Informationen versorgt werden konnte, sondern die Person sogar dazu brachte, entsprechend zu reagieren, zu denken und zu fühlen.

Ich nenne diese Technik *Doppelreizmethode,* weil man dem Klienten hier zwei oder mehr Reize gleichzeitig anbietet, wovon einer dominant sein muss, um die Wahrnehmung und damit das wachbewusste Ich und die Vernunft zu binden, damit die anderen, weniger dominanten Reize direkt auf das Unterbewusstsein wirken und es zu einer entsprechenden Reaktion veranlassen können. Mit der Doppelreizmethode umgehen wir gewissermaßen den Wahrnehmungsfilter und stellen einen direkten Kontakt zum Unterbewusstsein her. Vielleicht ist das Prinzip als solches nicht oder nur unter anderem Namen bekannt, aber es kommt überall dort zum Einsatz, wo man Menschen in irgendeiner Form prägen oder manipulieren möchte. Jede Form von Werbung basiert darauf, dass schöne optische und akustische Reize unsere Wahrnehmung fesseln, während uns ganz unauffällig eine Zusatzinformation eingeflößt wird, die uns ein Produkt attraktiv erscheinen lässt. Im Extremfall sind solche nicht dominanten Reize bewusst überhaupt nicht mehr wahrnehmbar, weil sie unterhalb der Wahrnehmungsschwelle liegen. Sie wirken subliminal und sind gerade deshalb sehr effektiv oder, besser gesagt, manipulativ.

Wenn Sie diese Doppelreiztechnik selbstständig anwenden möchten, suchen Sie sich irgendeine Reizquelle – etwas Grelles, etwas Störendes; etwas, was Sie ärgert – und setzen sich gleichzeitig diesem Reiz und den Inhalten aus, von denen Sie sich prägen lassen wollen. Dazu können Sie eine zuvor besprochene Kassette abhören, flüchtig einen Text lesen oder sich vorlesen lassen oder auch einfach an etwas denken beziehungsweise sich an etwas erinnern – und schon prägen Sie sich. Wichtig dabei ist nur der Dominanzunterschied zwischen den beiden Reizen und dass der Inhalt, den Sie sich einprägen wollen, mit viel Gefühl verbunden, aber ansonsten einfach und klar ist.

Je intensiver ich mich vorher mit den neuen Inhalten beschäftigt habe, je klarer sie mir sind und je mehr ich sie mir wünsche, desto leichter nehme ich sie auf.

Dies gilt übrigens für beide Methoden. So hartnäckig und lästig unser Wahrnehmungsfilter auch erscheint, so leicht ist er doch zu überlisten und so positiv wirkt er sich aus, wenn er dann irgendwann unsere bewussten, positiven Prägungen schützt.

Vielleicht möchten Sie nun in einer ersten praktischen Übung mit der Neuprägung Ihres Unterbewusstseins beginnen. Mit Hilfe der folgenden Meditation können Sie Ihre grundsätzlichen Ängste vor Veränderung in Ihrem Leben allmählich auflösen. Sie lernen, den Kanal zu Ihrem Wesen mit all seinen Fähigkeiten und Möglichkeiten zu öffnen und Ihre Bereitschaft zu mehr Selbstausdruck zu erhöhen. Damit beginnen Sie, sich wieder lebendiger zu fühlen und Selbstbewusstsein und Vertrauen in Ihre eigenen Kräfte und Fähigkeiten zu entwickeln.

Den nachfolgenden Meditationstext (und dies gilt auch für alle folgenden Meditationen) können Sie sich selbst auf Band sprechen und abhören oder sich vorlesen lassen, während Sie Ihre Aufmerksamkeit auf eine dominante Reizquelle, optisch oder akustisch, richten.

Wenn Sie möchten, können Sie sich auch einfach ruhig hinlegen und sich von meiner CD *Ich bin* an die Grenze zum Schlaf führen lassen, während die Inhalte ganz leicht und friedlich in Ihr Unterbewusstsein einfließen.

Meditation – Ich bin

Diese Übung hilft dir, dich an das zu erinnern, was du tief in deinem Inneren weißt. In deinem Wesen bist du ewig, unendlich und frei, in ständiger Veränderung begriffen. All deine Kraft ist in der Gegenwart, dein ganzes Leben entsteht im Jetzt.

Ich beginne jetzt zu zählen, von eins bis zehn. Lass deinen Körper mit jeder Zahl etwas mehr los. Lass zu, dass er sich entspannt. Bei zehn kann dein Körper schlafen gehen, aber deine Gedanken und deine Wahrnehmung bleiben wach.

Eins: Dein Unterkiefer entspannt sich. Die Muskeln und Nerven in deinem Unterkiefer entspannen sich, lassen los.

Zwei: Deine Stirn entspannt sich. Die Muskeln und Nerven in deiner Stirn entspannen sich, lassen los.

Drei: Deine Lippen entspannen sich. Die Muskeln und Nerven in deinen Lippen entspannen sich, lassen los.

Vier: Deine Wangen entspannen sich. Die Muskeln und Nerven in beiden Wangen entspannen sich, lassen los.

Fünf: Deine Augen entspannen sich. Die Muskeln und Nerven in beiden Augen entspannen sich und lassen los. Die Augen sind klar und entspannt.

Sechs: Deine Kopfhaut entspannt sich. Die Muskeln und Nerven der Kopfhaut entspannen sich, lassen los.

Sieben: Die Entspannung sinkt tief hinein in den Kopf, tief hinein in die Mitte des Kopfes. Der Kopf wird klar, frei und leicht, ganz entspannt.

Acht: Die Entspannung sinkt in den Hals, in den Nacken, in die Schultern, in die Arme, in die Hände. Alle Muskeln und Nerven dort entspannen sich, lassen los.

Neun: Die Entspannung fließt in die Hüften, in die Beine, in die Füße. Alle Muskeln und Nerven dort entspannen sich, lassen los.

Zehn: Die Entspannung fließt in den Rücken, in die Wirbelsäule. Alle Muskeln und Nerven dort entspannen sich, lassen los. Der Rücken wird weich, weich und entspannt.
Der ganze Körper geht jetzt schlafen. Der ganze Körper geht schlafen.
Jetzt ist es an der Zeit, alle Gedanken und Gefühle, die dich beschäftigen, für die Dauer dieser Übung loszulassen. Lass sie treiben, während ich weiterzähle, von zehn auf zwanzig. Mit jeder Zahl lass dich treiben, lass deine Gedanken und Gefühle treiben, entspanne, lass los. – Bei zwanzig hast du einen Zustand tiefer Entspannung erreicht. Hier liegt der See deines Unbewussten, der Ort deiner inneren Kraft, frei und zugänglich. Ich beginne jetzt zu zählen. Lass dich treiben.
Elf.
Zwölf: Geh tiefer und tiefer in Entspannung. Lass los. Lass deine Gedanken und Gefühle wegtreiben, weg von dir, lass sie los.
Dreizehn.
Vierzehn: tiefer und tiefer in die Entspannung.
Fünfzehn.
Sechzehn.
Siebzehn.
Achtzehn: tiefer und tiefer in die Entspannung.
Neunzehn.
Zwanzig, zwanzig.

Du hast jetzt den Zustand zwanzig erreicht, den Zustand tiefer Entspannung. Lass los und genieße diesen Zustand vollkommener Entspannung, diesen Zustand Zwanzig.
Erinnere dich, in diesem Zustand zwanzig liegt der See deines Unterbewusstseins frei vor dir, der Ort deiner unbewussten Energien, der Ort deiner inneren Kraft. All deine Gefühle, all deine Gedanken und körperlichen Kräfte werden gelenkt und

gesteuert in diesem See. Was immer du einfließen lässt, hinein in diesen See, auf dessen Grund, ist dort fest verankert und wirkt für dich.
Der See deines Unbewussten, der Ort deiner inneren Kraft. Lass dich treiben.
Jetzt, erinnere dich, sage zu dir selbst in Gedanken: Ich bin in meinem tiefen Wesen unbegrenzt, ewig und frei. Ich bin unbegrenzt, ewig und frei.
Ich bin unbegrenzt, ewig und frei. Ich bin.
Veränderung ist der natürliche Rhythmus des Lebens. Veränderung ist der natürliche Rhythmus des Lebens. Alles ist veränderlich und ändert sich. Alles ist veränderlich und ändert sich.
Veränderung ist der natürliche Rhythmus des Lebens. Alles ist veränderlich und ändert sich. Veränderung ist der natürliche Rhythmus des Lebens. Alles ist veränderlich und ändert sich.
All meine Kraft liegt in der Gegenwart. Ich bin frei von meiner Vergangenheit und ihren Prägungen. Ich bin frei von meiner bis jetzt geformten Zukunft. Im Jetzt kann ich alles ändern. All meine Kraft liegt in der Gegenwart.
Ich bin. Ich drücke mich aus. Ich fließe in der Veränderung. Ich bin unbegrenzt, ewig und frei. Ich drücke mich aus. Ich fließe in der Veränderung.
Ich bin, ewig, unbegrenzt, frei. All meine Kraft liegt in der Gegenwart. Im Jetzt kann ich alles verändern, frei von meiner Zukunft. Ich bin frei, unbegrenzt, ich bin.
Veränderung ist der natürliche Rhythmus des Lebens. Alles ist veränderlich und ändert sich.
Ich bin. Unbegrenzt, ewig und frei, frei.

Das, woran du dich jetzt wieder erinnert hast, wird mehr und mehr in dir lebendig und prägt deine Gedanken, deine Gefühle, deinen Körper, dein Leben. Lass es in dir ruhen und ruhe dich aus.

Nun ist es Zeit zurückzukehren in den normalen wachbewussten Zustand.
Ich werde jetzt rückwärts zählen.
Zwanzig ... Neunzehn ... Achtzehn ... Siebzehn ... Sechzehn ... Fünfzehn ... Vierzehn ... Dreizehn ... Zwölf ... Elf.
Komm mehr und mehr zurück in die Wachheit und fang langsam an, dein Umfeld wieder wahrzunehmen, deine Gedanken und Gefühle.
Zehn ... Neun ... Acht ... Sieben ... Sechs ... Fünf ... Vier ... Drei ... Zwei ... Eins.
Du bist nun wieder wach und frisch, und dein Körper fühlt sich ausgeruht und erholt an.
Öffne die Augen.

Meine Erfahrung hat gezeigt, dass jede Meditation, die dazu gedacht ist, neue Inhalte in Ihr Unterbewusstsein einfließen zu lassen, zunächst möglichst drei Wochen lang täglich, vorzugsweise am Abend ausgeführt werden sollte, damit die Erstprägung wirksam werden kann. Danach genügt es, zur Auffrischung der Prägung gelegentlich zu üben, wann immer Sie Lust dazu verspüren. Wenn Sie diese Meditation regelmäßig machen, werden Sie schon bald spüren, dass Sie entscheidungsfreudiger und risikobereiter werden, dass Ihr Vertrauen in Sie selbst und Ihre Möglichkeiten wächst und dass Ihnen Veränderungen nicht mehr bedrohlich, sondern eher attraktiv erscheinen. Sie entwickeln mehr Motivation, dynamisch mit Ihrem Leben umzugehen und Ihre Sehnsüchte zu leben.

Die nächste Meditation hilft Ihnen einerseits, Abstand vom Tagesgeschehen zu gewinnen und in einen ruhigen, erholsamen Schlaf einzutauchen. Andererseits stimmen

Sie damit Ihr Unterbewusstsein darauf ein, Ihre Gedanken und Gefühle zu ordnen, Antworten auf anstehende Fragen zu finden und Lösungen zu aktuellen Problemen zu entwickeln, und zwar auf eine ganzheitliche Weise, zu der Ihr wachbewusstes Ich nicht in der Lage wäre.

Sie öffnen sich für die Kraft, Heilung und Weisheit Ihres Wesens und Ihres Instinktes. Am nächsten Morgen rufen Sie die Erinnerung an die Geschehnisse der Nacht noch einmal auf und stimmen sich positiv auf den kommenden Tag ein.

Meditation – Leitgedanken abends

Atme langsam tief ein und aus und schließe die Augen.

Atme weiter tief ein und aus, und während du langsam weiteratmest, lass immer mehr los, lass dich treiben.

Der Körper darf jetzt schlafen gehen, deine Gedanken und deine Wahrnehmung werden wach bleiben.

Die Muskeln und Nerven in deinem Unterkiefer entspannen sich, lassen los.

Deine Stirn entspannt sich ... die Muskeln und Nerven in deiner Stirn entspannen, lassen los.

Deine Wangen entspannen sich ... die Muskeln und Nerven in deinen Wangen entspannen sich, lassen los.

Deine Augen entspannen sich ... die Muskeln und Nerven in beiden Augen entspannen sich, lassen los. Deine Augen werden klar und entspannt.

Die Kopfhaut entspannt sich ... die Muskeln und Nerven der Kopfhaut entspannen sich, lassen los.

Die Entspannung sinkt tief hinein in den Kopf, tief hinein in die Mitte des Kopfes. Der Kopf wird klar, frei und leicht, ganz entspannt.

Die Entspannung sinkt hinein in den Hals, den Nacken, die Schultern, hinein in die Arme und die Hände. Alle Muskeln und Nerven dort entspannen sich, lassen los.
Die Entspannung fließt hinein in die Hüften, die Beine und die Füße. Alle Muskeln und Nerven dort entspannen sich, lassen los.
Die Entspannung fließt hinein in den Rücken, in die Wirbelsäule. Alle Muskeln und Nerven dort entspannen sich, lassen los.

Diese Übung bereitet dich vor auf einen tiefen, natürlichen, gesunden Schlaf, wo du Kontakt findest zu deinem großen Selbst, dessen Energien und Informationen.
Jetzt lass dich treiben, in einen gesunden, natürlichen Schlaf.
Lass alle Erinnerungen, alle Gefühle und alle Gedanken, die dich noch beschäftigen, los. Und lass dich treiben, leicht und frei, hinein in den Schlaf.
In dieser Nacht wirst du leicht sein, leicht und frei, dich treiben lassen, alles loslassen, was dich noch beschäftigt, damit die Kräfte deines großen Selbst durch dich fließen und in dir wirksam werden können.
Lass los und habe Vertrauen in die Kräfte deines großen Selbst. Schlafe ein, lass dich treiben.
Lass dich treiben und lass zu, dass dein großes Selbst, unbegrenzt von Raum und Zeit für dich wirkt, alles für dich löst, alles so ordnet, wie es gut für dich ist.
Schlafe ein, lass alles los, frei und im Vertrauen darauf, dass alles gut wird und sich schon jetzt, in diesem Moment löst und ordnet. Schlafe, lass los, lass dich treiben.
Schlafe tief und fest. Schlafe tief und fest in dem Vertrauen, dass sich alles ordnet. Schlafe und vertraue auf die Kraft deines großen Selbst.

Alles ordnet sich, klärt sich, löst sich und heilt. Lass los, lass dich treiben.
Alles ist gut, alles ordnet sich, klärt sich und heilt.
Lass los, lass dich in tiefen Schlaf treiben. Alles ist gut.

Meditation – Leitgedanken morgens (direkt nach dem Aufwachen)

Über Nacht hat sich alles geordnet, geklärt und geheilt – in dir und um dich herum. Du hast Kontakt aufgenommen mit den tieferen Schichten deines großen Selbst. Seine Energien sind immer noch in dir und stehen dir für den heutigen Tag zur Verfügung. Bleibe wachsam, empfinde und fühle, was dein großes Selbst dir mit der Stimme deines Herzens sagen will. Bring dich zum Ausdruck. Tu, was gut für dich ist und dir entspricht. Folge deinen Visionen und vertraue. Alles ist gut.

Über Nacht hat sich alles geordnet, geklärt und geheilt – in dir und um dich herum. Du bist in Kontakt getreten mit den tieferen Schichten deines großen Selbst, mit seinen Energien und seinem Wissen. Sie stehen dir auch jetzt zur Verfügung. Spüre sie, fühle sie und bring mit ihrer Hilfe zum Ausdruck, was dir wichtig ist und entspricht. Sei spontan, intuitiv und gegenwärtig. Vertraue auf deine innere Führung. Denke an sie, immer wieder während des Tages und folge der Stimme deines Herzens.

Über Nacht hat sich alles geordnet, geklärt und geheilt – in dir und um dich herum. Du hast Kontakt aufgenommen mit deinem großen Selbst und kannst seiner Führung vertrauen. Bring dich in diesem Vertrauen zum Ausdruck. Spüre deine Sehnsüchte, deine Bedürfnisse, deine Fähigkeiten. Sei spon-

tan und impulsiv und lass zu, dass die tieferen Schichten in dir selbst, sich durch dich und in deinem Leben zum Ausdruck bringen. Vertraue auf diese innere Führung. Alles ist gut. Alles ordnet sich und heilt. Lass los und habe Vertrauen.
In diesem Vertrauen werde mehr und mehr wach und begrüße den Tag.

Jetzt ist es Zeit zurückzukehren in den normalen wachbewussten Zustand. Komm mehr und mehr zurück in die Wachheit und beginne langsam, dein Umfeld wieder wahrzunehmen, deine Gedanken und Gefühle.
Du bist nun wieder wach und frisch, und dein Körper fühlt sich ausgeruht und erholt an.
Öffne die Augen.

Kapitel 2
Energien der menschlichen Psyche

»Erkenne dich selbst.« Dieser Aufforderung, die man in esoterischen Kreisen oft zu hören bekommt, ist in der Praxis gar nicht so leicht nachzukommen, weil unser wachbewusstes Ich nicht so ohne Weiteres durch die Flut der im Unterbewusstsein abgespeicherten Prägungen hindurchschauen und unser Wesen so wahrnehmen kann, wie es ist: ungeprägt und in seiner wahren Natur.

Das Problem mit der Selbsterkenntnis hat seinen Ursprung ganz am Anfang unseres Lebens, wo wir Sichtweisen über uns und die Welt übernehmen, die nur zum Teil unserem wahren Selbst entsprechen (manchmal sogar nur zu einem ganz kleinen Teil). Diese Sichtweisen beeinflussen unsere Wahrnehmung dahingehend, dass wir die Welt und auch uns selbst nur noch einseitig betrachten. Viele unserer Wesensmerkmale beginnen wir schon früh zu übersehen und früher oder später können wir nicht mehr unterscheiden, wer wir selbst sind und was übernommene Überzeugungen und Rollen aus uns gemacht haben. Damit trennen wir uns mehr und mehr von unserem Wesen und unserer einzigartigen Grundpersönlichkeit mit all ihren Fähigkeiten und Möglichkeiten. Unser Potenzial wird verdrängt und unsere Persönlichkeitsenergien werden blockiert.

Das hat nicht nur zu Folge, dass wir irgendwie verloren

durchs Leben gehen und an innerer Führung und Kraft verlieren, sondern verursacht auch unangenehme und zerstörerische Prozesse im Bewusstsein, die sich in körperlichen Krankheiten und psychischen Problemen äußern und uns das Leben oft sehr schwer machen. Sie rauben uns Freiheit und Lebensqualität, ohne dass wir genau wissen, wo die Ursache dafür zu suchen ist und was wir dagegen tun könnten.

Wir mögen manchmal vielleicht erleben, wie unsere Persönlichkeitsenergien aufflackern und wir plötzlich tiefe Sehnsüchte spüren oder wie Fähigkeiten ans Licht kommen, die wir voller Lust zum Ausdruck bringen wollen, aber meist sind solche Erkenntnisanfälle nur von kurzer Dauer und werden von den vielen fremden Sichtweisen und Überzeugungen, die uns in der Vergangenheit eingeprägt wurden, überlagert, verzerrt, lächerlich gemacht oder als nicht lebbar dargestellt. Also beginnen wir die aufflackernden Persönlichkeitsenergien mehr und mehr zu verdrängen und erkennen sie irgendwann gar nicht mehr. Wesensaspekte, die im See unseres Unterbewusstseins keine entsprechende Prägung vorfinden, können kaum noch an die Oberfläche unseres wachbewussten Ichs dringen und erkannt werden – und finden demnach auch keinen Ausdruck.

Prägungen des Sees, die sich auf den Ausdruck unserer Persönlichkeitsenergien hemmend auswirken, bezeichne ich als negative oder Minus-Energien. Sie müssen natürlich nicht im absoluten Sinne negativ oder destruktiv sein, aber sie wirken sich relativ zu unserem Wesen und dessen Ausdruck ungünstig aus und führen zu einer Blockade unserer Persönlichkeitsenergien. Energien, die sich im Einklang mit unseren Persönlichkeitsaspekten befinden und die Wahrnehmung derselben durch unser wachbewusstes Ich ebenso unterstützen wie deren Ausdruck, nenne ich positive oder Plus-Energien. Im folgenden Schaubild werden diese Energien mit Plus- beziehungsweise Minus-Zeichen dargestellt.

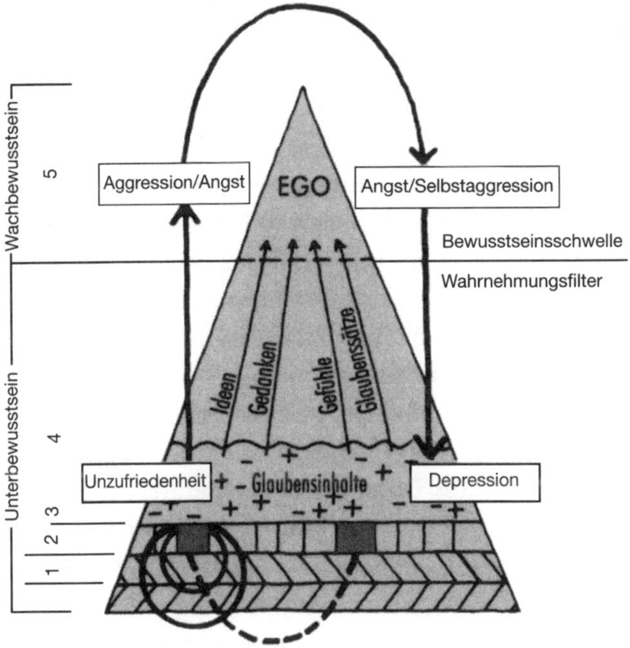

Modell für den Energiefluss in der menschlichen Psyche

Ebene 1: Menschliches Urbewusstsein

Kerneigenschaften des menschlichen Bewusstseins im Unterschied zu pflanzlichem, tierischem und mineralischem Bewusstsein; Sitz des freien Willens

Ebene 2: Instinkt

Fähigkeiten, die das physische Überleben sichern (Heilintelligenz, absolutes Gedächtnis, außersinnliche Wahrnehmung)

Ebene 3: Grundpersönlichkeit/Wesen

Persönlichkeitsenergien (Sehnsüchte, Bedürfnisse und Fähigkeiten), die als Motivationskräfte wirken, gruppiert zu Energiepäckchen, die im Laufe eines Lebens zur richtigen Zeit zum Ausdruck kommen wollen

Ebene 4: See des Unterbewusstseins

vom Umfeld, von Vorbildern und vom Zeitgeist übernommene Glaubenssätze, Gefühle, Gedanken und Phantasien. Im Laufe eines Lebens füllt sich der See mit immer mehr Inhalten von ähnlicher Qualität, die entweder hemmend oder fördernd für den Ausdruck der Persönlichkeitsenergien sein können.

Ebene 5: Wachbewusstes Ich

identifiziert sich hauptsächlich mit den gespeicherten und im Wachbewusstsein auftauchenden Gedanken, Gefühlen und Glaubenssätzen aus dem unterbewussten See, teilweise auch mit Gedanken und Gefühlen aus der Grundpersönlichkeit, die zu den Inhalten des Sees passen und deshalb ins Wachbewusstsein aufsteigen.

Die Energien von Persönlichkeitspäckchen, die aufgrund von Minus-Inhalten des unterbewussten Sees nicht an die Oberfläche unseres Wachbewusstseins gelangen können, werden zunächst auf andere Energiepäckchen umgeleitet, die wir zum Ausdruck bringen und die durch diese Extra-Energie noch an Intensität gewinnen. Auf diese Weise wird über längere Zeit verschleiert, dass eine Energieblockade vorliegt, und wir glauben, mit der Art und Weise, wie wir unser Leben führen, sei alles in Ordnung.

Ein Beispiel: Bin ich von meinem Wesen her vielleicht ein Abenteurer mit entsprechend großer Sehnsucht nach

Freiheit und danach, das Unbekannte zu erforschen, wachse aber bei Eltern auf, die eher auf Sicherheit und Geborgenheit bedacht sind und peinlich genau darauf achten, sich »richtig« zu verhalten, kann ich meine wilden Aspekte wahrscheinlich nur schwer erkennen. Spielt meine Mutter aber beispielsweise Klavier und habe ich ebenfalls eine musische Sehnsucht oder Begabung mitgebracht, könnte es sein, dass ich mich in einer wilden, selbst komponierten oder improvisierten Musik zum Ausdruck zu bringen versuche und viele Instrumente spielen will. Lange Zeit würde mich dieser vielleicht übertriebene Ausdruck eines Persönlichkeitspäckchens, der mich vielleicht sogar in eine schädliche Überaktivität treibt, darüber hinwegtäuschen, dass ein anderes Persönlichkeitspäckchen verkümmert oder brachliegt. Gibt es aber kein anderes Persönlichkeitspäckchen, das gemeinsam mit den Energien eines verdrängten Päckchens zum Ausdruck gebracht werden kann, versuchen wir dieses Problem oft dadurch zu lösen, dass wir uns einen Ersatzausdruck suchen und zum Beispiel dem Rauchen, dem Trinken oder dem Einkaufen verfallen. Das mag uns kurzfristig die Illusion von Wohlgefühl und Intensität vermitteln, hilft uns aber nicht wirklich bei der Befreiung unseres Wesens. Im Gegenteil, es verschleiert die problematische Situation sogar noch und vernichtet darüber hinaus wertvolle körperliche und geistige Energie, die wir für die dynamische Entfaltung unseres Selbst so dringend bräuchten. Das Umlenken der aufgestauten Persönlichkeitsenergien oder die Flucht in einen Ersatzausdruck mag vielleicht kurzzeitige Erleichterung verschaffen, bringt unser Bewusstsein, unsere Psyche aber letztendlich noch mehr aus dem Gleichgewicht.

Aus der Unzufriedenheit in die Depression

Wenn die Inhalte unseres unterbewussten Sees und die Energien unseres Wesens nicht im Einklang sind, befinden wir uns in einem Zustand der Disharmonie, der inneren Reibung, die wir als Unzufriedenheit wahrnehmen. Unzufriedenheit ist also nicht einfach ein Gefühl, sondern ein Zustand, der Stress in uns erzeugt. Wir sind unzufrieden, weil wir im Leben nicht das tun, was unseren Sehnsüchten entspricht und wofür wir auch die Fähigkeiten haben. Oder wir sind unzufrieden, weil wir etwas tun oder glauben tun zu müssen, was wir überhaupt nicht tun wollen und wofür wir auch gar keine Fähigkeiten besitzen. In der Regel nehmen wir diesen häufig wiederkehrenden Zustand der Unzufriedenheit relativ achtlos hin, weil uns eine Prägung sagt, wie normal es ist, im Leben nicht alles haben zu können, und wie wichtig, sich damit abzufinden, damit einem das Herz nicht so schwer wird. Das führt letztendlich dazu, dass sich die blockierten Persönlichkeitsenergien in uns aufstauen und irgendwie befreit werden müssen, wenn sie sich nicht gegen uns richten sollen. Dafür haben wir ein Ventil entwickelt, das wir alle kennen: Wut und Ärger.

Es genügt, dass uns irgendein Ereignis, irgendeine Wahrnehmung vage an unsere nicht gelebten Sehnsüchte erinnert, und schon platzen wir völlig ungerichtet und sinnlos mit unserer aufgestauten Energie heraus. Solche Ausbrüche bringen uns zwar nicht weiter, aber sie haben etwas Erlösendes, weil die aufgestaute Energie abgebaut wird. Natürlich baut sie sich schon bald wieder auf, wenn wir die Grundursache für unsere Wut – nicht gelebte Persönlichkeitsenergie – nicht erkennen und uns auch nicht auf die Suche danach machen. Und wenn wir bei der Erforschung und beim Ausdruck unseres Wesens nicht erfolgreich sind und wesentliche Dinge in unserem Leben nicht verändern, wird auch die Wut immer wiederkehren. Die Ausbrüche werden mit der Zeit sogar immer heftiger werden und der Abstand zwischen ihnen immer kürzer. Der eigentliche Grund für die Wut ist, dass wir uns vom Umfeld aufgehalten oder vergewaltigt fühlen, dass ein Gefühl der Machtlosigkeit aufkommt, für das wir das Umfeld verantwortlich machen, weil wir nicht erkennen, dass wir uns eigentlich selbst aufhalten beziehungsweise durch unsere Prägungen aufhalten lassen. Manche Menschen sind allerdings so veranlagt oder geprägt, dass sie die aufgestaute Energie aufgrund ihrer Hemmungen nicht einmal als Wut herauslassen können. Dann wird sie zur Angst. Jede Form von Angst lässt sich letztendlich auf die Überzeugung reduzieren: Ich bin machtlos. Ich bin ein Opfer oder werde zum Opfer gemacht. Wovor genau ich Angst habe, ist gar nicht so wichtig. Ein Mensch, der in seiner Kraft und im Einklang mit seinen Persönlichkeitsenergien ist, hat nicht das Gefühl, ein Opfer zu sein oder zum Opfer gemacht zu werden und demnach auch keine Angst. Angstattacken führen zu einem inneren Rückzug von der Welt. Wir trauen uns allmählich immer weniger zu.

Wut hingegen treibt die Welt von uns weg oder macht sie aggressiv gegen uns und erzeugt so zusätzlichen Druck. Beides hilft uns nicht – und das wissen wir tief in unserem Innern ganz genau. Sowohl Wut als auch Angst entstehen aus Verzweiflung darüber, dass wir glauben, unser Wesen in einem widrigen Umfeld nicht zum Ausdruck bringen zu können und daher ein irgendwie sinnloses Leben führen zu müssen.

Wut und Angst sind zwei Seiten derselben Münze. Leider verschlimmern beide unsere Situation, indem sie es uns immer schwerer machen, uns selbst zu erkennen. Sich der Wut und der Angst hinzugeben, wie es in manchen therapeutischen Ansätzen empfohlen wird, mag die aufgestaute Energie zwar abbauen bis zur Erschöpfung, aber die Ursache, die etwas mit dem Gefühl der Machtlosigkeit zu tun hat, wird davon nicht berührt. Ich glaube sogar, dass diese Ursache immer weniger durchschaubar wird, je mehr wir die Aufmerksamkeit auf die Symptome richten, ohne zu verstehen, dass ihre Ursache in uns selbst liegt und eigentlich nichts mit dem Außen zu tun hat.

Oft regen wir uns über eine Person auf, die genau das tut, was wir eigentlich auch gern tun würden, aber aufgrund unserer Prägungen nicht zu tun wagen. Oder wir ärgern uns über etwas, was wir zwar auch tun, aber an uns nicht wahrhaben wollen. Oder wir fühlen uns gedrängt, etwas zu tun, wovor wir eigentlich Angst haben, und ärgern uns über den Drängler. Oder wir fühlen uns aufgehalten, weil wir die Meinung anderer für wichtig halten, und sind deshalb sauer auf den, der sie vertritt, anstatt zu unserer eigenen Meinung zu stehen. Verursacht wird unser Ärger also immer von etwas in uns selbst, das uns veranlasst, etwas nicht zu tun, obwohl wir es wollen, oder zu tun, obwohl wir es überhaupt nicht tun wollen. Wer sich selbst lebt und tut, was er will – an jedem Ort, zu jeder Zeit, unter allen Umständen –, wird sich nie ärgern. Wieso auch?

Genauso wenig sind es der finstere Tunnel, der enge Aufzug oder die Nacht, die uns Angst einflößen. Sie erinnern uns nur an Situationen, in denen es ähnlich war und wir uns machtlos oder als Opfer fühlten. Und manchmal haben wir diese Situationen noch nicht einmal selbst erlebt, sondern die entsprechenden Ängste als Prägungen übernommen, zum Beispiel von unseren Eltern.

Wenn wir Zugang zu unserem Wesen finden und unsere Persönlichkeitsenergien entsprechend einsetzen können, werden wir keine Ängste mehr haben.

Verstricken wir uns hingegen immer mehr in Wut und Angst – ob wir sie nun offen zum Ausdruck bringen oder verdrängen –, ohne etwas in unserem Leben zu verändern und mit unseren Persönlichkeitsenergien in Kontakt zu kommen, wird sich die Wut mit der Zeit gegen uns selbst richten und zur Selbstaggression werden. Dann können wir uns selbst nicht mehr leiden, weil wir spüren, dass wir ein sinnloses Leben fristen, das uns nicht berührt und in dem sich unser Wesen nicht entfalten kann. Und doch unternehmen wir nichts dagegen, selbst wenn wir es könnten.

Die Angst vor dem Außen entwickelt sich allmählich zur Angst vor uns selbst. Wir beginnen zu ahnen, dass wir selbst durchaus in der Lage wären, etwas zu tun, was nicht mehr gutzumachen wäre. Vielleicht haben wir schon Albträume, in denen wir unseren Partner umbringen, dem wir die Schuld an unserem Zustand geben. Die Wut gegen uns selbst kann aber auch in Unfällen zum Ausdruck kommen, die wir unbewusst selbst erzeugen, oder sogar darin, dass wir uns bewusst seelische oder körperliche Schmerzen zufügen. Auch diese Entwicklung in unserem Bewusstsein, löst unser Grundproblem natürlich überhaupt nicht, sondern verschleiert es nur noch mehr. Wir sehen unser unsinniges Verhalten als das Problem an und erkennen es nicht mehr als verständlichen Ausdruck unserer tieferen Problematik, nämlich unseres Gefühls, ein sinnloses und unwesentliches, nicht unserem Wesen entsprechendes Leben zu führen.

Irgendwann ist unser Wesen überhaupt nicht mehr bereit, Energie für dieses sinnlose Leben zur Verfügung zu stellen. Also beginnt es, alle Energien zurückzuhalten, selbst diejenigen, die zuvor noch über einige Wesenspäckchen zum Ausdruck kommen konnten. So entwickelt sich ein Zustand, den wir als Depression kennen, ein Zustand ohne Energie, ohne Motivation und ohne Vision. Unser Wesen hält alle Energien zurück und setzt damit ein deutliches Zeichen: Der Gipfel der Sinnlosigkeit ist erreicht!

Wenn man aus einer Depression wieder herausfinden will, darf man sie nicht als Krankheit an sich betrachten. Vielmehr geht es darum zu erkennen, dass dies die letzte Phase eines langen geistigen beziehungsweise energetischen Zerfallsprozesses ist, der sich zu Beginn nur ganz sanft als Unzufriedenheit bemerkbar gemacht hat und dann immer deutlichere Formen annahm, bis hin zum umfassenden Energieverlust, der nun entweder aufgehalten wird oder einen geistigen oder körperlichen Sterbeprozess einleitet.

Interessanterweise äußern sich die verschiedenen Bewusstseinsphasen auch körperlich und lassen dazu passende Krankheiten entstehen. In der Phase der Unzufriedenheit, in der wir erstmalig spüren, dass unsere Wesensenergien nicht mehr in uns wirken können, schwinden auch die körperlichen Energien. Wir brauchen mehr Schlaf, werden schneller krank und erholen uns langsamer. Die innere Reibung zwischen Prägungen und Wesensenergien zeigt sich auch im Körper als Spannung oder Stress. Dauert dieser Zustand längere Zeit an oder kehrt er immer häufiger zurück, beginnt der Körper Unverträglichkeiten gegen äußere Impulse zu entwickeln – in Form von Allergien unterschiedlichster Art. Der durchschnittlich getestete Mensch weist bis zu 250 messbare Allergien auf. Nicht alle sind äußerlich klar sichtbar, einige lassen das Blut klumpen, andere erzeugen Stoffwechselstörungen, andere sind auf der Haut oder beim Atmen erkennbar. Auch psychisch sind wir immer reizbarer. Interessant ist die zunehmende Häufigkeit solcher Störungen, die darauf hinweist, wie viele Menschen unzufrieden mit ihrem Leben sind und eine Bereitschaft zu Wut und Ärger entwickelt haben. Halten sich die Allergien über längere Zeit, entwickeln sie sich zu Entzündungen, was der Stufe von Wut und Angst entspricht. Wenn die Entzündungen chronisch werden, sind wir psychisch bei Selbstaggression und Angst vor uns selbst angelangt. Und wenn die chronischen Entzündungen allmählich zu degenerativen Krankheiten wie Nervenleiden, Krebs, Lähmungen oder Gelenkproblemen werden, sind wir im psychischen Bereich schon mitten in der Depression.

Man kann den Körper als Spiegelbild des Bewusstseins betrachten. Was immer in unserem Bewusstsein vor sich geht, was immer wir über uns und die Welt denken und fühlen, hat Einfluss auf den Energiefluss in den bewussten und unbewussten Schichten unseres Bewusstseins und äußert sich entsprechend auf der körperlichen Ebene. Manchmal dauert das zwar eine Weile, weil das körperliche Energiesystem träger ist, aber irgendwann wird es auf jeden Fall dort sichtbar. Alle unsere körperlichen und geistigen Probleme beginnen meiner Beobachtung nach damit, dass wir den Kontakt zu unserem Wesen verlieren, unsere Persönlichkeitsenergien nicht mehr spüren und sie demnach auch nicht mehr für eine kraftvolle, uns entsprechende Lebensgestaltung nutzen können. Kostbare Energien werden verdrängt oder verpuffen in sinnlosen Aktionen, bis irgendwann keine Energien mehr durch uns hindurchfließen und wir geistig und körperlich zu sterben beginnen.

Die Depression ist übrigens nicht immer das letzte Glied dieser geistigen Fehlentwicklung. Manchmal schließen sich unterdrückte Wesensenergien zu kraftvollen Päckchen von großer Intensität zusammen, die sich zeitweise verselbstständigen und gegen den Widerstand der unbewussten Prägungen mit großer Vehemenz zum Ausdruck bringen. Sogenannte manisch-depressive Menschen verdrängen ihre sehr lebendigen Persönlichkeitsenergien oft aufgrund von Schuldgefühlen, die aus moralischen oder religiösen Prägungen heraus entstanden sind. Wenn diese gesammelten Energien plötzlich gemeinsam auf die Ebene des wachbewussten Ichs drängen, wird dieses ganz von ihnen erfüllt und bringt sie kraftvoll zum Ausdruck – manchmal tagelang rund um die Uhr, bis die Energieintensität wieder abnimmt und die alten Prägungen erneut die Kontrolle erlangen. Der spontane, völlig übertriebene Ausdruck der Persönlichkeitspäckchen ist mit viel Freude, Kreativität und Überschwang verbunden – und manchmal auch mit ernormen Heilschüben bei körperlichen Problemen. Nach einem solchen Energieausbruch machen sich jedoch bald wieder Energielosigkeit und Depression breit. Wenn sich dann wieder genügend Persönlichkeitsenergie angesammelt hat, kann es erneut zu einer euphorischen, manischen Phase kommen.

Für die Verdrängung einer so enormen Menge an Persönlichkeitsenergie mögen natürlich die unterschiedlichsten Prägungen verantwortlich sein, aber immer werden diese von persönlichen Vorbildern (meist Eltern und Erzieher) übermittelt und sind in der Regel an Schuldgefühle und Selbstzweifel gekoppelt. Eine Heilung ist nur dann möglich, wenn es gelingt, die hemmenden Prägungen zu entlarven, die Schuldgefühle aufzulösen und den manischen Ausdruck der Persönlichkeitsenergien weniger übertrieben werden zu lassen, denn in gemäßigter oder mehr natürlicher Form spiegelt die Manie die eigentlichen Wesensaspekte der betroffenen Person.

Bei schizophrenen Menschen verselbstständigen sich die unterdrückten Persönlichkeitsaspekte sogar so sehr, dass sie eine eigene Persönlichkeit anzunehmen scheinen, die das vorhandene Ich-Bewusstsein zur Seite drängt oder vorübergehend ablöst, um sich ungestört zum Ausdruck bringen zu können. Wenn das Ich-Bewusstsein quasi ersetzt wird, braucht es sich keine Gewissensbisse mehr zu machen, die aufgrund der alten Prägungen vielleicht aufkommen würden, denn es hat ja mit der anderen Persönlichkeit nichts zu tun. Und deshalb lassen die sonst hemmenden Prägungen die überraschenden Persönlichkeitsmerkmale auch zu. Sie werden von der aus unterdrückten Persönlichkeitsaspekten geformten Persönlichkeit gewissermaßen ausgetrickst und umgangen. Auf diese Weise können zwar Teilaspekte des Wesens zum Ausdruck kommen und Erfahrungen machen, aber eine kontinuierliche Lebensgestaltung ist so natürlich nicht möglich. Also besteht das Ziel auch hier darin, die hemmenden Prägungen zu durchschauen und durch neue Prägungen eine Verschmelzung von eigentlichem Ich und Spaltpersönlichkeit zu erreichen.

Spaltpersönlichkeiten setzen sich aber nicht immer nur aus echten Wesensaspekten zusammen, sondern manchmal auch aus Gefühlen, Gedanken und anderen Inhalten, die irgendwo aufgesammelt oder im Laufe der erlebten Geschichte entstanden sind und im See des Unterbewusstseins verankert wurden, wo sie sich nun zu energetischen Päckchen zusammenballen und verselbstständigen können – gegen andere Prägungen, aber auch gegen das eigene Wesen. Damit dies möglich ist, muss die Energiemenge jener eingeprägten Inhalte sehr groß sein, was meistens dann der Fall ist, wenn sie in Verbindung mit Wut oder Angst eingeprägt wurden. Solche Spaltpersönlichkeiten, die äußerst destruktiv sein können, sollten natürlich aufgelöst und nicht mit dem wachbewussten Ich verschmolzen werden.

Zu erklären, wie Spaltpersönlichkeiten aus dem unterbewussten See von Spaltpersönlichkeiten aus dem Wesen unterschieden werden können; wie es passiert, dass sich auch andere, fremde Energien an Spaltpersönlichkeiten anhängen, und was in solchen Fällen zu tun ist, würde den Rahmen dieses Buches sprengen. Dazu nur so viel:

- Jede Prägung kann in einem hypnotischen Zustand verstanden, aufgelöst und durch neue Prägungen ersetzt werden.
- Die Persönlichkeitsenergien des Wesens sind nicht auflösbar oder veränderbar – nur abrufbar und zu verstehen.
- Spaltpersönlichkeiten aus dem unterbewussten See sind reine geistige Energieformen, Gedankenformen ohne eine Seele, ohne ein Wesen, nur mit einer Prägung, die von außen erfolgte und der sie folgen.
- Alle Wesenspäckchen haben eine Seele, eine eigene Existenz und sind Teil unseres wahren Selbst – veränderbar, neu mischbar, aber nicht auflösbar.

Neurosen entstehen, wenn sich starke Prägungen des unterbewussten Sees verselbstständigen und Wahrnehmung und Verhalten einer Person dominieren. Auch diese Dominanz kommt durch eine starke energetische Ladung zustande, die meist in Verbindung mit Schuldgefühlen gegenüber oder Angst vor extrem starken Vorbildern aufgenommen wurden.

Die meisten Menschen – wahrscheinlich auch Sie, lieber Leser – befinden sich in einer Bewusstseinsphase, die irgendwo zwischen Unzufriedenheit und Depression oder zwischen Energielosigkeit und Krankheit angesiedelt ist. Das hat nicht viel mit einem freien, bewusst gelenkten Leben zu tun. Wenn wir das führen wollen, brauchen wir den Kontakt zu unserem Wesen, zu unserer Grundpersönlichkeit und all ihren Energien und Möglichkeiten. Die folgende Meditation wird Ihnen helfen, diesen Kontakt herzustellen und Ihre Persönlichkeitsenergien zu erforschen.

Meditation – Grundpersönlichkeit

Diese Übung hilft dir, Zugang zu finden zu deiner Grundpersönlichkeit und ihren Energien, Fähigkeiten und Möglichkeiten. Sie lässt dich spüren und verstehen, wer du wirklich bist und was deine Absicht in diesem Leben ist. Sie ermöglicht den Kontakt zu den tieferen Schichten deiner selbst.
Lass einfach los. Lass dich ohne jede Erwartung treiben, frei von deinen üblichen Gedanken und Gefühlen. Beobachte ganz entspannt und wertfrei, wie durch die Tiefen deines Unbewussten Impulse deiner Grundpersönlichkeit an die Oberfläche deines Wachbewusstseins aufsteigen.

Ich beginne jetzt zu zählen, von eins bis zehn. Lass deinen Körper mit jeder Zahl etwas mehr los. Lass zu, dass er sich entspannt. Bei zehn kann dein Körper schlafen gehen, aber deine Gedanken und deine Wahrnehmung bleiben wach.

Eins: Dein Unterkiefer entspannt sich. Die Muskeln und Nerven in deinem Unterkiefer entspannen sich, lassen los.
Zwei: Deine Stirn entspannt sich. Die Muskeln und Nerven in deiner Stirn entspannen sich, lassen los.
Drei: Deine Lippen entspannen sich. Die Muskeln und Nerven in deinen Lippen entspannen sich, lassen los.
Vier: Deine Wangen entspannen sich. Die Muskeln und Nerven in beiden Wangen entspannen sich, lassen los.
Fünf: Deine Augen entspannen sich. Die Muskeln und Nerven in beiden Augen entspannen sich und lassen los. Die Augen sind klar und entspannt.
Sechs: Deine Kopfhaut entspannt sich. Die Muskeln und Nerven der Kopfhaut entspannen sich, lassen los.
Sieben: Die Entspannung sinkt tief hinein in den Kopf, tief hinein in die Mitte des Kopfes. Der Kopf wird klar, frei und leicht, ganz entspannt.
Acht: Die Entspannung sinkt in den Hals, in den Nacken, in die Schultern, in die Arme, in die Hände. Alle Muskeln und Nerven dort entspannen sich, lassen los.
Neun: Die Entspannung fließt in die Hüften, in die Beine, in die Füße. Alle Muskeln und Nerven dort entspannen sich, lassen los.
Zehn: Die Entspannung fließt in den Rücken, in die Wirbelsäule. Alle Muskeln und Nerven dort entspannen sich, lassen los. Der Rücken wird weich, weich und entspannt.
Der ganze Körper geht jetzt schlafen. Der ganze Körper geht schlafen.
Jetzt ist es an der Zeit, alle Gedanken und Gefühle, die dich beschäftigen, für die Dauer dieser Übung loszulassen. Lass sie treiben, während ich weiterzähle, von zehn auf zwanzig. Mit jeder Zahl lass dich treiben, lass deine Gedanken und Gefühle treiben, entspanne, lass los. – Bei zwanzig hast du einen Zustand tiefer Entspannung erreicht. Hier liegt der See deines

Unbewussten, der Ort deiner inneren Kraft, frei und zugänglich. Ich beginne jetzt zu zählen. Lass dich treiben.

Elf.

Zwölf: Geh tiefer und tiefer in Entspannung. Lass los. Lass deine Gedanken und Gefühle wegtreiben, weg von dir, lass sie los.

Dreizehn.

Vierzehn: tiefer und tiefer in die Entspannung.

Fünfzehn.

Sechzehn.

Siebzehn.

Achtzehn: tiefer und tiefer in die Entspannung.

Neunzehn.

Zwanzig, zwanzig.

Du hast jetzt den Zustand zwanzig erreicht, den Zustand tiefer Entspannung. Ruh dich aus in diesem Zustand zwanzig, dem Zustand vollkommener Entspannung. Der See deines Unbewussten liegt frei zugänglich vor dir. Vom Grund dieses Sees werden Impulse aus deiner Grundpersönlichkeit auftauchen, von der Ebene deines eigentlichen Seins. Jetzt ruh dich aus und lass dich treiben ... Mit dem Klang des Rauschens, lass los. In diesem Zustand tiefer Entspannung, frage dich: »Wer bin ich?« Lass die Antworten gleichgültig an dir vorbeitreiben. Lass sie los, beobachte und lass sie treiben. Frage dich: »Wer bin ich?«

»Wer bin ich?«

Jetzt frage dich: »Was sind meine wirklichen Wünsche? Was brauche ich in diesem Leben?« Lass die Antworten, Ideen und Bilder aus den Tiefen deines Seins auftauchen. Lass sie gleichgültig vorbeitreiben. Beobachte und lass los. »Was will ich wirklich? Was brauche ich?«

»Was will ich wirklich? Was brauche ich?«

Jetzt frage dich: »Welche Qualitäten und Fähigkeiten habe ich?« Lass die Antworten auftauchen und gleichgültig vorbeitreiben. Beobachte und lass los. »Welche Qualitäten und Fähigkeiten habe ich?«
»Welche Qualitäten habe ich, welche Fähigkeiten?«

Jetzt frage dich: »Mit welchen Menschen möchte ich in diesem Leben Kontakt haben und mich austauschen? Wie sollen sie sein?« Lass die Antworten auftauchen und an dir vorbeitreiben. Beobachte und lass los. »Mit welchen Menschen möchte ich Kontakt haben? Wie sollen sie sein?«
»Mit welchen Menschen möchte ich Kontakt haben? Wie sollen sie sein?«

Jetzt frage dich: »Was ist mir in diesem Leben wichtig? Was möchte ich erlebt haben, bevor ich aus diesem Leben scheide?« Lass die Antworten auftauchen und an dir vorbeitreiben. Beobachte und lass los. »Was ist mir in diesem Leben wichtig? Was möchte ich erlebt haben, bevor ich aus diesem Leben scheide?«
»Was ist mir in diesem Leben wichtig? Was möchte ich erlebt haben, bevor ich aus diesem Leben scheide?«

Und jetzt die letzte Frage: »Was will ich lernen in diesem Leben, um vollkommen ich selbst sein zu können?« Lass die Antwort auftauchen und an dir vorbeitreiben. Lass los und beobachte. »Was will ich lernen, um vollkommen ich selbst sein zu können?«
»Was will ich lernen, um vollkommen ich selbst sein zu können?«

Jetzt lass los und ruh dich aus. Alle Antworten und Impulse, die du erhalten hast, bleiben in deiner Erinnerung, sodass du

jederzeit über sie nachdenken und sie verstehen kannst, auch nach dieser Übung. Ruh dich jetzt aus, lass los und lass dich treiben.
Je öfter du Kontakt zu deiner Grundpersönlichkeit suchst, desto intensiver und deutlicher wird er werden. Impulse deiner Grundpersönlichkeit werden immer häufiger und immer deutlicher durch den See deines Unterbewusstseins hindurchdringen und dich und dein Umfeld prägen.
Nun ist es Zeit zurückzukehren in den normalen wachbewussten Zustand.
Ich werde jetzt rückwärts zählen.
Zwanzig ... Neunzehn ... Achtzehn ... Siebzehn ... Sechzehn ... Fünfzehn ... Vierzehn ... Dreizehn ... Zwölf ... Elf.
Komm mehr und mehr zurück in die Wachheit und fang langsam an, dein Umfeld wieder wahrzunehmen, deine Gedanken und Gefühle.
Zehn ... Neun ... Acht ... Sieben ... Sechs ... Fünf ... Vier ... Drei ... Zwei ... Eins.
Du bist nun wieder wach und frisch, und dein Körper fühlt sich ausgeruht und erholt an.
Öffne die Augen.

Bleiben Sie während dieser Übung ganz ruhig und lassen Sie alle Impulse und Informationen einfach auf sich wirken. Wenn Sie darüber nachdenken wollen, dann später. Machen Sie die Übung auch nicht täglich, sondern höchstens einmal pro Woche, damit Sie sich nicht zu sehr auf die Antworten einstimmen, die Sie bereits erhalten haben, denn dann sind keine neuen möglich. Die Antworten werden mit der Zeit an Tiefe gewinnen. Auch werden Sie spüren, wie sich Ihre Sicht auf Ihr Leben allein durch diese Antworten verändern wird. Ganz allmählich werden Sie eine Ahnung davon bekommen, was Ihre Absicht für dieses Leben ist, und Sie werden Ihre Sehnsüchte, Bedürfnisse und Fähigkeiten mehr und mehr spüren. Visionen werden entstehen und auch ein Gefühl dafür, was Ihnen alles möglich ist.

Bleiben Sie entspannt und locker, wenn die Übung zu Anfang noch nicht so gut funktioniert. Es dauert eine Weile, bis Sie die Prägungen Ihres unterbewussten Sees hinter sich gelassen haben und ganz offen sein können für die Informationen, die von dort unten zu Ihrem wachbewussten Ich vordringen.

Kapitel 3
Selbsterkenntnis und Selbstfindung

Das Erspüren der eigenen Grundpersönlichkeit kann ein langwieriges Unterfangen sein, auch wenn Sie die Meditation »Grundpersönlichkeit« regelmäßig machen. Immerhin haben die Prägungen Ihres unterbewussten Sees die Ausrichtung Ihrer Wahrnehmung und Ihre Ansichten über sich selbst und die Welt in all den Jahren so stark beeinflusst, dass Sie die dagegen eher unauffälligen und energetisch kaum mehr wirksamen Impulse Ihrer Grundpersönlichkeit anfangs nur stark verfremdet oder gar bis zur Unkenntlichkeit verzerrt wahrnehmen können. Einfach geduldig abzuwarten und regelmäßig zu üben, bis die aufsteigenden Impulse irgendwann klarer erkennbar werden, scheint mir aber zu wenig wirksam. Schließlich wollen wir alle ja möglichst schnell ein besseres Leben haben und zum Beispiel jetzt gesund werden, nicht irgendwann. Deshalb habe ich noch nach anderen Strategien für eine schnellere Veränderung der Inhalte unseres unterbewussten Sees gesucht.

Und tatsächlich fand ich einen verblüffend einfachen Weg, den ich aus folgender Überlegung abgeleitet habe: Warum suchen wir nach unserem Wesen? Wir wollen ein Leben führen, in dem wir unsere Persönlichkeit entfalten, unsere Sehnsüchte und Bedürfnisse erfüllen und unsere Fähigkeiten zum Ausdruck bringen können. Dazu ist es zunächst nicht nötig, dass wir unser Wesen umfassend begreifen – was in einer problematischen Lebensphase wahrscheinlich ohnehin nicht möglich ist. Es würde völlig ausreichen zu spüren, ob das, was wir gerade tun, denken und fühlen, unseren Persönlichkeitsenergien entspricht oder nicht – beziehungsweise ein Gefühl dafür zu entwickeln, was wir tun, denken und fühlen sollten, damit es unserer Grundpersönlichkeit entspricht. Und das ist überraschenderweise gar nicht so schwer. Denn immer, wenn wir uns so verhalten, dass es wesentlich ist, also unserem Wesen entspricht, erzeugen wir Umstände, die in Resonanz mit unserem Wesen sind und uns deshalb in einen Zustand der Zufriedenheit versetzen, der wiederum unsere körperliche und geistige Energie ansteigen lässt. Andererseits gibt es immer dann, wenn wir uns unpassend verhalten und Unwesentliches tun, keine solche Resonanz. Dann sind wir unzufrieden und unsere körperliche und geistige Energie nimmt ab.

Wir müssen also gar nicht so genau wissen, wie unser Wesen ist und wozu wir in Resonanz gehen wollen und wozu nicht, beziehungsweise, welche Persönlichkeitsaspekte zum Ausdruck kommen wollen und wie dies geschehen könnte oder sollte. Wir können allein an unserem energetischen Zustand abschätzen, ob das, was wir gerade tun, denken und fühlen, wirklich zu uns passt; ob es uns Energie gibt oder eher Energie nimmt. Die Tatsache, dass wir etwas tun, was wir nicht tun wollen, oder in einer Stimmung sind, die uns Energie raubt, sagt uns, dass wir vom Weg unseres Wesens oder vom Weg unseres Herzens abgekommen sind – ganz egal, wie wir dies vernunftmäßig begründen mögen. Das Gleiche gilt natürlich auch, wenn wir unsere Sehnsüchte und Bedürfnisse ignorieren oder uns von etwas oder jemandem in schlechte Stimmung versetzen lassen oder wenn uns Umstände nicht die Energie zuführen, die wir uns eigentlich gewünscht hätten und auch brauchen. Alles, was uns Freude macht und Energie bringt, führt uns zu unserem Wesen beziehungsweise ist ein Ausdruck davon.

Alles, was uns Energie raubt und keine Freude macht, steht im Widerspruch zu unserem Wesen und verhindert, dass wir es spüren.

Wenn wir also herausfinden wollen, wie wir leben und sein sollten, brauchen wir nur darauf zu achten, was uns freut und was nicht, beziehungsweise, was uns Energie gibt und was uns Energie raubt. Uns danach auszurichten führt allmählich von selbst dazu, dass wir unserem Wesen mehr Raum in unserem Leben geben und es allmählich besser spüren und begreifen. Nach Energie und Freude Ausschau zu halten, ist übrigens nicht das Gleiche, wie einfach zu fragen: »Was ist gut für mich?« oder »Was ist schlecht für mich?«, »Was macht mich zufrieden und was nicht?« Denn wenn wir aufgrund unserer geschichtlichen Prägungen bereits bestimmte Sichtweisen übernommen haben, können wir uns Zufriedenheit auch sehr leicht einreden: »Meine Partnerschaft ist zwar nicht mehr so toll und lebendig, aber ich bin zufrieden.« »Mein Job reißt mich zwar nicht vom Stuhl, aber er ist sicher und ausreichend bezahlt. Ich bin zufrieden.« Diese Auffassung von Zufriedenheit spiegelt eher eine übernommene Kompromissbereitschaft oder sogar Resignation wider, als ein Maßstab unserer wahren Gefühle zu sein. Unser Energiepegel lügt allerdings nie und ist sogar objektiv messbar, zum Beispiel mit Hautwiderstandsmessungen oder unter Zuhilfenahme von Muskeltests (etwa aus der Psychokinesiologie). Ich gebe zu, dass es anfänglich gar nicht so leicht ist, seinen eigenen Energiezustand zu beurteilen. Wir sind eben einfach nicht daran gewöhnt, uns unter diesem Aspekt zu betrachten, aber mit etwas Übung ist dies schnell, einfach und jederzeit machbar. Wenn wir also mit den Veränderungen in unserem Leben nicht warten wollen, bis wir unser Wesen klar und deutlich spüren und verstehen, sollten wir bald beginnen, all unsere Lebensbereiche, alle Handlungen und alle damit verbundenen Gefühle und Gedanken genau unter die Lupe zu nehmen – immer mit den drei Fragen im Kopf: Was davon gibt mir Energie? Was nimmt mir Energie? Was ist bedeutungslos?

Alles, was uns Energie raubt oder zumindest keine Energie gibt und damit bedeutungslos ist, entspricht nicht unserem Wesen. Das bedeutet: Wir tun oder dulden es nur deshalb in unserem Leben, weil uns unsere Prägungen dazu veranlassen, nicht etwa aus Leidenschaft oder aus Neugier oder weil wir darin unsere Fähigkeiten zum Ausdruck bringen wollen. Was uns Energie gibt und berührt, entspricht offensichtlich unserem Wesen und zeigt, dass wir auf dem richtigen, unserem Wesen entsprechenden Weg sind. Deshalb brauchen wir uns nicht weiter damit zu beschäftigen. Mit dem, was uns Energie raubt oder nicht wirklich berührt, sollten wir uns allerdings sehr wohl auseinandersetzen – zunächst, indem wir uns fragen: Welche Überzeugungen und welche Ansichten über mich selbst und die Welt bringen mich dazu, mich so zu verhalten? Wodurch könnte ich dieses Verhalten und die damit verbundenen Lebensumstände ersetzen? Die folgenden beiden Übungen können Ihnen in diesem Punkt zu mehr Klarheit verhelfen.

Übung: Selbstbeobachtung während des Tages

Gewöhnen Sie sich an, mehrmals am Tag innezuhalten und sich zu fragen:

- Was tue ich gerade?
- Wie fühle ich mich dabei?
- Tue ich es für mich oder für andere?
- Welches Ziel verfolge ich damit?
- Bringt mir das Erreichen dieses Ziels Freude, Freiheit und Entfaltung? Oder entspreche ich damit fremden Erwartungen? Oder tue ich nur meine Pflicht?
- Wäre ich lieber woanders?
- Was würde ich lieber machen?
- Führe ich gerade eine Routinehandlung aus, die ich schon in- und auswendig kenne? Oder ist das, was ich tue, neu und spannend?
- Ist es mir wichtig, ob und wie mich andere Menschen dabei sehen und ob sie sich zustimmend verhalten?

Bewerten Sie Ihre Antworten ebenso wenig wie alle Beobachtungen, die Sie beim Fragen machen. Lassen Sie einfach alles auf sich wirken und versuchen Sie abschließend nur, Ihren Energiezustand festzustellen. Wie weit ist er von einem freudvollen Zustand entfernt?

Sie brauchen in Zukunft nichts weiter zu tun, als Ihren Tagesablauf regelmäßig auf diese Weise zu hinterfragen. Schon bald werden Sie zunehmend Klarheit darüber gewinnen, wie wesentlich alles, was Sie tun und was dabei in Ihnen vor sich geht, tatsächlich ist. Das gilt natürlich auch für die folgende Übung, die Sie alternativ machen können.

Übung: Selbstbeobachtung am Abend

Nehmen Sie sich abends ein wenig Zeit – vielleicht bei einem Gläschen Wein, mal allein, mal im Austausch mit einem nahestehenden Menschen – und lassen Sie den Tag noch einmal an sich vorüberziehen. Stellen Sie sich folgende Fragen:

- Wie hat der Tag sich entwickelt?
- Habe ich ihn morgens so geplant?
- War er für mich erfolgreich? Hat er sich gelohnt?
- Würde ich ihn so noch einmal so gestalten?
- Mit wie viel Energie bin ich abends nach Hause gekommen?
- In welcher Stimmung war ich?
- Hatte ich noch Lust aktiv zu sein?
- War ich noch offen für meinen Partner?
- Was möchte ich mir für den nächsten Tag vornehmen?
- Lohnt sich ein Leben, in dem es viele solcher Tage gibt?
- Würde ich anderen Menschen gern etwas über diesen Tag erzählen?
- Aus welchen Gründen habe ich ihn so gestaltet?

Auch hier genügt es völlig, sich die Fragen zu stellen. Es ist nicht nötig, gezielt irgendetwas daraus ableiten zu wollen. Das wird sich von ganz allein ergeben, denn Sie werden sich mithilfe dieser beiden Übungen mehr und mehr bewusst, wie Sie tatsächlich mit Ihrem Leben und Ihren Möglichkeiten umgehen. Sie werden sich Ihrer selbst bewusst und erkennen, was Sie denken, fühlen und tun und wie viel davon Ihnen und Ihren Sehnsüchten tatsächlich entspricht. Sie entwickeln wahres Selbstbewusstsein: Bewusstsein über sich selbst, darüber, wie Sie handeln und reagieren, denken und fühlen, mit Ihrem Körper umgehen und Ihr Leben gestalten, kurz: darüber, wie Sie sich fühlen und in die Welt einbringen. Und das wird Ihnen die Freiheit geben, sich bewusst und gezielt zu verändern und ein individuelles und freies Leben zu führen, ganz wie es Ihrem Wesen entspricht.

Nicht viele Menschen haben echtes Selbstbewusstsein, denn die meisten verwechseln Selbstbewusstsein mit Leistungsbewusstsein. Sie sind sich der Leistung bewusst, die sie erbringen oder auch nicht, und glauben, dass sie selbstbewusst, sprich: stolz auf sich sein können, wenn sie die Leistung erbringen, die von ihnen erwartet wird oder die sie sich selbst abfordern. Dieses Leistungsbewusstsein entsteht in der Regel schon früh in unserer Vergangenheit, und zwar dadurch, dass wir fremde Wertvorstellungen übernehmen, vor allem die weit verbreitete Ansicht, ein Mensch sei nur etwas wert, wenn er Leistung erbringe. So gesehen hat nur derjenige ein Recht auf Selbstbewusstsein (das mit Leistungsbewusstsein verwechselt wird), der überdurchschnittliche oder zumindest die erwarteten Leistungen erbringt. In unserer Zeit wird dies in der Regel an Bildung, Erfolg oder Einkommen gemessen, nicht aber am Menschen selbst. Wie anfällig dieses Leistungsbewusstsein ist und wie wenig es mit wirklichem Selbstbewusstsein zu tun hat (das überhaupt nicht von der Meinung anderer Menschen abhängig ist), kann man schon daran erkennen, dass es oft von enormen Versagensängsten und großem Leistungsdruck begleitet wird, und zwar deshalb, weil es so sehr von fremder Beurteilung abhängig ist. Wer wirklich selbstbewusst ist, weiß um sich und seine Bedürfnisse und Fähigkeiten, ist entspannt, ruht in sich und ordnet seine Dinge souverän und immer treffend nach eigenem Ermessen. Wer dem Leistungsbewusstsein verfallen ist, lebt nach einer ihm fremden Ordnung und ohne Gefühl für sich selbst in ständiger Angst zu versagen, das durch Leistung Erworbene wieder zu verlieren oder nicht mehr konkurrenzfähig zu sein. Das ist ein Zustand, der wohl kaum genug inneren Raum lässt, um nach seinem eigenen Wesen zu forschen oder seinen Sehnsüchten nachzugehen.

Je mehr wir uns und unser Leben betrachten, desto mehr Selbstbewusstsein entsteht. Die folgende Meditation wird Ihnen zum einen helfen zu erkennen, welche Überzeugungen und Sichtweisen in Ihrem unterbewussten See verankert sind und wie diese Ihr Verhalten bislang unbewusst beeinflusst haben. Zum anderen wird sie Ihnen noch klarer zeigen, was in Ihren verschiedenen Lebensbereichen im Moment geschieht und was Sie bezüglich der dort gemachten Erfahrungen empfinden.

Meditation – Selbsterkenntnis

Atme langsam tief ein und aus und schließe die Augen.

Atme weiter tief ein und aus, und während du langsam weiteratmest, lass immer mehr los, lass dich treiben.

Der Körper darf jetzt schlafen gehen, deine Gedanken und deine Wahrnehmung werden wach bleiben.

Die Muskeln und Nerven in deinem Unterkiefer entspannen sich, lassen los.

Deine Stirn entspannt sich ... die Muskeln und Nerven in deiner Stirn entspannen sich, lassen los.

Deine Wangen entspannen sich ... die Muskeln und Nerven in deinen Wangen entspannen sich, lassen los.

Deine Augen entspannen sich ... die Muskeln und Nerven in beiden Augen entspannen sich, lassen los. Deine Augen werden klar und entspannt.

Die Kopfhaut entspannt sich ... die Muskeln und Nerven der Kopfhaut entspannen sich, lassen los.

Die Entspannung sinkt tief hinein in den Kopf, tief hinein in

die Mitte des Kopfes. Der Kopf wird klar, frei und leicht, ganz entspannt.
Die Entspannung sinkt hinein in den Hals, den Nacken, die Schultern, hinein in die Arme und die Hände. Alle Muskeln und Nerven dort entspannen sich, lassen los.
Die Entspannung fließt hinein in die Hüften, die Beine und die Füße. Alle Muskeln und Nerven dort entspannen sich, lassen los.
Die Entspannung fließt hinein in den Rücken, in die Wirbelsäule. Alle Muskeln und Nerven dort entspannen sich, lassen los.
In diesem Zustand lösen sich deine Gedanken und Gefühle vom Körper. Dein Bewusstsein wird frei und geht eigene Wege. Und dein Körper kann sich jetzt tief entspannen und heilen.
Jetzt sage leise in Gedanken zu dir selbst und empfinde, wenn du möchtest: »Ich weiß tief in meinem Innern: Meine Gedanken, meine Gefühle, meine inneren Bilder bestimmen mein Leben, meinen Körper und meine persönliche Lebenserfahrung. Ich möchte deshalb lernen, sie so bewusst zu gestalten, wie ich es möchte und wie es gut für mich ist.«
Jetzt ist es an der Zeit, für die Dauer dieser Übung alle Gedanken und Gefühle, die dich beschäftigen, loszulassen. Lass sie einfach wegtreiben und werde still.

Du erreichst einen Zustand tiefer Entspannung. Deine Gedanken und Gefühle sind still und klar und haben große schöpferische Kraft. Die Ebenen deines Bewusstseins liegen frei zugänglich vor dir und können genutzt werden.

Diese Übung hilft dir, die verschiedenen Bereiche deines Lebens vor deinen inneren Augen vorbeiziehen zu lassen und sie zu beobachten. Du kannst wahrnehmen, wer du bist und wie du lebst, welche Rolle du spielst und was du tust. Du kannst verstehen, was dich beschäftigt, was dich prägt und bestimmt.

Lass diese Eindrücke vorbeiziehen, ohne sie zu werten, leicht und entspannt. Beobachte und lass los.

Jetzt bleibe entspannt und lass alle Bilder, alle Gedanken, alle Gefühle, die auftauchen, an dir vorbeiziehen. Halte sie nicht fest. Lass sie los und beobachte. Frage dich: »Was denke ich über meinen Beruf, über meinen Selbstausdruck in meinem Beruf, über die Mitarbeiter, über die Abhängigkeiten und Verpflichtungen in meinem Beruf, über meine Freizeit?
Wie fühle ich mich morgens, wenn ich aufstehe und an meinen Beruf denke, und abends, nachdem die Arbeit getan ist?
Spreche ich gern über meinen Beruf? Was denken die anderen Menschen über meinen Beruf? Wie steht mein Partner zu meinem Beruf? Unterstützt er mich, oder ist er meinem Beruf gegenüber kritisch eingestellt?
Wie empfinde ich meinen Arbeitsplatz, die Arbeitsatmosphäre dort?
Kann ich mir vorstellen, diesen Beruf bis ins hohe Alter auszuüben?
Wie fühle ich mich bei dem Gedanken, meinen Beruf über Jahre hinweg auszuüben, bis ich alt bin? Hat die Partnerschaft daneben noch Platz?«
Lass los, lass dich treiben von den Gefühlen und Gedanken, die zu diesen Fragen auftauchen. Beobachte ganz entspannt.

Jetzt frage dich zu deinen zwischenmenschlichen Beziehungen: »Welche Beziehungen pflege ich privat und beruflich? Wie tausche ich mich mit Menschen aus? Welchen Umgang pflege ich? Wie viele meiner Beziehungen habe ich frei gewählt? Wie viele bestehen zufällig oder aufgrund äußerer Umstände? Und warum pflege ich diese Beziehungen? Welche Bedeutung haben sie für meine Partnerschaft? Nimmt mein Partner daran teil?«

Lass los, lass dich treiben von den Gefühlen und Gedanken, die zu diesen Fragen auftauchen. Beobachte ganz entspannt.

Jetzt frage dich zum Thema Partnerschaft: »Warum möchte ich eine Partnerschaft? Was verspreche ich mir davon? Welche Art von Partnerschaft möchte ich haben oder habe ich? Wie lange sollte meine Partnerschaft dauern, damit sie mir das geben kann, was ich suche? Welche Rolle sollten Körper, Gefühle und Gedanken in meiner Partnerschaft spielen? Wie möchte ich mich auf meinen Partner beziehen – körperlich, geistig und seelisch? Wie viel Zeit möchte ich für meine Partnerschaft aufwenden? Welche Bedeutung hat Partnerschaft in meinem Leben? Spielen die Erwartungen eines Jägers/Lockvogels eine Rolle in meiner Partnerschaft oder so etwas wie Vater/Mutter-Sichtweisen? Gibt es andere Rollen, die meine Partnerschaft prägen?«
Lass los, lass dich treiben von den Gefühlen und Gedanken, die zu diesen Fragen auftauchen. Beobachte ganz entspannt.

Jetzt frage dich zu deinem Körper: »Welchen körperlichen Ausdruck habe ich im Moment? Wie möchte ich mich durch meinen Körper ausdrücken? Wie sehen andere Menschen meinen Körper? Wie ist der Gesundheitszustand meines Körpers? Mag ich meinen Körper? Wie bringe ich mich durch meine Kleidung zum Ausdruck? Fühle ich mich wohl in meiner Kleidung? Achte ich darauf? Achte ich auf meinen Körper, darauf, was er braucht, was er möchte, was er fühlt? Befriedige ich die Bedürfnisse meines Körpers? Nehme ich sie überhaupt wahr? Spielen körperliche Nähe und Sexualität eine Rolle in meiner Partnerschaft? Fühle ich mich körperlich angenommen?«
Lass los, lass dich treiben von den Gefühlen und Gedanken, die zu diesen Fragen auftauchen. Beobachte ganz entspannt.

Jetzt frage dich zu dir selbst und zu deinem Leben: »Drücke ich mich freiheitlich aus? Spüre ich mich in meinem Leben? Habe ich das Gefühl, dass ich mein Leben bewusst gestalte und sinnvoll lebe? Welche Ziele verfolge ich in meinem Leben, jetzt, in der Gegenwart, in der nahen Zukunft, in der fernen Zukunft? Welche Gefühle habe ich gegenüber meinem Leben, der Welt allgemein, den Menschen, die ich kenne? Sind mir die anderen Menschen und Ihre Meinung wichtig? Brauche ich andere Menschen, und was tun sie für mich? Was möchte ich erreichen, bevor dieses Leben zu Ende geht? Was möchte ich über mein Leben sagen können, wenn es zu Ende geht? Welche Bedeutung hat Partnerschaft in meinem Leben? Wie wichtig und fruchtbar ist sie oder sollte sie sein? Was erwarte ich von einer Partnerschaft für mein Leben?«
Lass los, lass dich treiben in den Gefühlen und Gedanken, die zu diesen Fragen auftauchen. Beobachte ganz entspannt.

Lass nun all diese Gedanken, Bilder und Gefühle in dir wirken. Behalte sie für später im Gedächtnis, damit du entscheiden kannst, was du von deinem Leben möchtest und was du entsprechend ändern möchtest in deinem Leben. Je öfter du diese Übung machst, desto mehr wirst du über dich und dein Leben verstehen. Selbsterkenntnis und Selbstbewusstsein werden in dir wachsen und dir die Möglichkeit geben, dein Leben bewusst und sinnvoll zu verändern.

Jetzt ist es Zeit zurückzukehren in den normalen wachbewussten Zustand. Komm mehr und mehr zurück in die Wachheit und beginne langsam, dein Umfeld wieder wahrzunehmen, deine Gedanken und Gefühle.
Du bist nun wieder wach und frisch, und dein Körper fühlt sich ausgeruht und erholt an.
Öffne die Augen.

Auch diese Meditationsübung sollten Sie nicht öfter als vier bis sechs Mal pro Monat machen, weil Sie sonst die Tendenz entwickeln, die gleichen Antworten immer wieder hervorzuholen. Ein gewisser zeitlicher Abstand zwischen den einzelnen Meditationen hilft, dies zu vermeiden. Für die Beobachtungsübungen gilt: Ihr Selbstbewusstsein wächst beim Üben. Je häufiger Sie die Übungen machen, desto besser für Sie.

Schon nach relativ kurzer Zeit werden Sie sich ziemlich gut kennengelernt haben. Sie werden immer besser wissen, was Ihnen an Ihrem Verhalten, Ihrer Art zu denken und zu fühlen gefällt, welche Lebensumstände Ihnen Energie geben und welche nicht. In dem Maße, in dem diese innere Klarheit wächst, wird auch Ihr Wunsch nach Veränderung stärker werden. Es ist fast so, als lüfte sich ein Schleier, als wachten Sie auf und könnten zum ersten Mal begreifen, dass alles, was ist, auch ganz anders sein könnte, auch Sie selbst. Nichts ist selbstverständlich oder zwingend. Sie selbst haben Ihr Leben so gestaltet und gestalten es noch immer. Auch wenn Sie die Prägungen, die Sie bis jetzt beeinflusst haben, mittlerweile durchschauen und dafür verantwortlich machen könnten, wie Sie bis jetzt gelebt haben, müssen Sie doch auch zugeben, dass Sie nichts dagegen unternommen haben und nicht aus Ihrem hypnotischen Prägeschlaf aufwachen wollten. Das ist jetzt anders. Jetzt haben Sie eine Ahnung von der Freiheit, die möglich wäre, und von der Lebensqualität, die auf Sie wartet, wenn Sie sich von Ihrer Vergangenheit und den alten Gewohnheiten lösen, wodurch auch immer diese entstanden sein mögen. Doch was soll an die Stelle dieser alten Gewohnheiten treten?

Diese Frage ist nicht ganz leicht zu beantworten. Zum einen fehlt die Phantasie für wirklich neue Visionen. Es ist nämlich gar nicht so leicht, sich vom Erlebten frei zu machen, alte Vorbilder zu ignorieren und ganz frei zu phantasieren. Zum anderen bleibt eine gewisse Angst vor der Veränderung, weil man etwas wirklich Neues nicht einschätzen kann und aufgrund mangelnder Erfahrungen keine Ahnung hat, wie es sich wohl auswirken wird. Auch die Angst, Altes und Vertrautes loszulassen, hat für viele Menschen etwas Lähmendes. Und nicht zuletzt scheut man sich auch davor, sich selbst einzugestehen, dass man das schöne Neue ja schon längst hätte haben können, wenn man nicht aufgrund eigener Blindheit und Trägheit wertvolle Jahre verbummelt hätte.

Die folgenden drei Übungen werden Ihnen helfen, solche Ängste leichter hinter sich zu lassen, sich offener auf anstehende Veränderungen einzustimmen und sie dadurch schneller in Ihr Leben zu bringen.

Übung: Neue Vorbilder suchen

Wir alle sind geprägt von den Menschen, die uns ganz zu Beginn unseres Lebens ihre Sichtweisen und Gewohnheiten vorgelebt haben, zu einer Zeit also, als wir ihr Vorbild für das Maß aller Dinge hielten und nicht infrage stellen konnten. Später suchten wir zu diesen Vorbildern passende Situationen und Aspekte des Zeitgeistes und entwickelten eine Phantasie, die sich im Wesentlichen um diese Vorbilder herum rankte. Bisweilen, wenn wir sie überhaupt nicht leiden konnten und sie uns nicht guttaten, nahmen wir auch eine Gegenposition zu den Vorbildern ein. Aber auch Anti-Phantasien ranken sich ja um Vorbilder, sodass wir in unserer Phantasie eigentlich nie wirklich frei waren.

Wenn wir jetzt wirklich neue Visionen für unser Leben entwickeln wollen, müssen wir unsere Phantasie erweitern und letztendlich befreien, indem wir uns bewusst neue Vorbilder suchen und diese genau beobachten – in ihrer Art zu denken, zu fühlen, zu handeln und ganz allgemein mit dem Leben umzugehen. Wenn ich in diesem Zusammenhang von einem Vorbild spreche, meine ich natürlich nicht jemanden, den man anhimmelt oder eins zu eins nachzuahmen versucht. Ich meine vielmehr eine Person, von deren Art und Weise zu leben man sich inspiriert fühlt. Das genaue Beobachten solcher Vorbilder reicht schon aus, um die eigene Phantasie zu erweitern, und selbst wenn wir gewisse Aspekte eines Vorbilds ablehnen, beflügelt es doch unsere Phantasie.

Bin ich zum Beispiel von meinem Elternhaus an ein kleines, beengtes Badezimmer gewöhnt und habe ich auch in meinen eigenen Wohnungen nie ein luxuriöses Bad gehabt, erschöpft sich meine Phantasie vielleicht in der Idee, ein größeres Bad oder sogar ein getrenntes Gäste-WC in meiner neuen Wohnung haben zu wollen. Sehe ich aber in einem Film, bei Freunden oder während des Urlaubs in einem anderen Land ein 40 Quadratmeter großes Badezimmer mit offenem Kamin, Sprudelbad, mehreren Waschbecken, Schminkabteil und so weiter, komme ich sofort auf neuen Ideen.

In dieser Übung geht es nur darum, möglichst viele andersartige Menschen zu beobachten, unbekannte Orte aufzusuchen, andere Bücher zu lesen, neue Filme anzuschauen und überhaupt möglichst viel Neues zu erleben und wertfrei auf sich wirken zu lassen. Ob Sie Cartoonfiguren beobachten oder wirkliche Menschen, macht in diesem Fall wenig Unterschied. Es geht nur um das intensive Sammeln neuer Eindrücke, welche die begrenzende Wirkung der alten Vorbilder ausgleichen und ins Endlose erweitern können. Je mehr Vorbilder, desto mehr Inspiration und desto beweglicher und freier wird Ihre

Phantasie. Bei der Suche nach Inspiration ist es überhaupt nicht förderlich, zwischen brauchbaren und nicht brauchbaren Eindrücken zu unterscheiden. Alles, was neu ist, befreit Ihre Phantasie. Am Ende einer solchen Übung könnte dann auch die Frage stehen, warum solche Phantasien bisher noch kein Teil Ihres Lebens waren.

Übung: Die Phantasie befreien

Für diese Übung suchen Sie sich Freunde, Bekannte oder auch ganz fremde Personen, die Sie beispielsweise in der Kneipe kennenlernen, und phantasieren mit ihnen darüber, wie man denn sein Leben gestalten könnte. Beginnen Sie solche Gesprächsrunden, indem Sie erzählen, was Sie alles beobachtet haben, welche unterschiedlichen Vorbilder Ihnen aufgefallen sind und woher Sie Ihre Inspiration erhalten haben. Dann übertragen Sie all das auf die verschiedenen Lebensbereiche. Entwickeln Sie beispielsweise Phantasien zu den verschiedenen Arten, eine Partnerschaft zu leben, Freundschaften zu pflegen, einem Beruf nachzugehen, zu wohnen, sich körperlich zum Ausdruck zu bringen und so weiter. Übertreiben Sie diese Phantasien ruhig ein wenig. Ob sie realisierbar sind – für Sie oder überhaupt, spielt im Moment keine Rolle. Sie wollen sich ja nur freiphantasieren. Dann lassen Sie die anderen zu Wort kommen. Lassen Sie jeden so sprechen, wie er gerade will. Lassen Sie den Phantasien freien Lauf.
Sie werden wahrscheinlich überrascht sein, was da so alles an skurrilen Ideen kommt und wie viel Inspiration jeder aus diesen Runden mitnehmen kann. Sie können offene Runden gestalten oder auch ein Thema beziehungsweise Ziel vorgeben. Wichtig ist dabei nur, dass alles leicht bleibt, ohne jede Ernsthaftigkeit. Sobald eine solche Runde zu ernsthaft wird oder zu

strukturiert, läuft sie Gefahr, zu vernunftbetont zu werden und sich damit wieder an alte Prägungen anzulehnen.

Nun, nachdem Sie in Ihrer Phantasie immer freier geworden sind, ist es Zeit für die nächste Meditation. Sie hat das Ziel, den Reichtum der neu gewonnenen Phantasien in Ihr Leben zu bringen. Dazu begeben Sie sich mit ebendiesen neuen Phantasien in einen Zustand tiefer Entspannung und lassen Impulse aus Ihrer Grundpersönlichkeit an die Oberfläche Ihres Wachbewusstseins steigen, die Ihre Phantasien mitprägen sollen. Gestalten Sie Ihre verschiedenen Lebensbereiche in diesem Zustand an der Grenze zum Schlaf verspielt, aber durchaus mit einem gewissen Realitätsbezug. Das heißt: Was Sie da gestalten, sollte Ihnen einerseits machbar und attraktiv erscheinen; andererseits sollte es ungewöhnlich und andersartig genug sein um sicherzustellen, dass Sie sich nicht mehr zu sehr im Vertrauten bewegen und statt nach etwas wirklich Neuem zu suchen, das Ihrem Wesen besser entspricht, nur Ihre Trägheit und den Einfluss alter Prägungen verschleiern.

Um Ihre Phantasien in Fluss zu bringen, denken Sie zunächst an irgendwelche Ideen, Bilder, Gedanken, Gefühle oder Situationen, die Ihnen bei Ihrer Suche nach Vorbildern eingefallen sind und die Sie im Moment gern in Ihr reales Leben integrieren würden. Denken Sie an Menschen, die Sie beobachtet, an Filme, die Sie berührt, an Erzählungen, die Sie gehört haben. Lassen Sie sich dann in eine ganz tiefe Entspannung treiben und beginnen Sie in Ihrer Phantasie, all das auf Ihr Leben zu übertragen. Lassen Sie anschließend Ihren Phantasien freien Lauf. Nach und nach werden Sie spüren, wie die Sehnsüchte und Bedürfnisse Ihres Wesens zu folgen beginnen.

Meditation – Neue Perspektiven

Atme langsam tief ein und aus und schließe die Augen.

Atme weiter tief ein und aus, und während du langsam weiteratmest, lass immer mehr los. Lass dich treiben.

Der Körper darf jetzt schlafen gehen, deine Gedanken und deine Wahrnehmung werden wach bleiben.

Die Muskeln und Nerven in deinem Unterkiefer entspannen sich, lassen los.

Deine Stirn entspannt sich ... die Muskeln und Nerven in deiner Stirn entspannen sich, lassen los.

Deine Wangen entspannen sich, die Muskeln und Nerven in deinen Wangen entspannen sich, lassen los.

Deine Augen entspannen sich, die Muskeln und Nerven in beiden Augen entspannen sich, lassen los. Deine Augen werden klar und entspannt.

Die Kopfhaut entspannt sich ... die Muskeln und Nerven der Kopfhaut entspannen sich, lassen los.

Die Entspannung sinkt tief hinein in den Kopf, tief hinein in die Mitte des Kopfes. Der Kopf wird klar, frei und leicht, ganz entspannt.

Die Entspannung sinkt in den Hals, den Nacken, in die Schultern, hinein in die Arme, die Hände. Alle Muskeln und Nerven dort entspannen sich, lassen los.

Die Entspannung fließt hinein in die Hüfte, in die Beine, in die Füße. Alle Muskeln und Nerven dort entspannen sich, lassen los.

Die Entspannung fließt hinein in den Rücken, in die Wirbelsäule. Alle Muskeln und Nerven dort entspannen sich, lassen los.

In diesem Zustand lösen sich deine Gedanken und Gefühle vom Körper. Dein Bewusstsein wird frei und geht eigene Wege. Und dein Körper kann sich tief entspannen und heilen.

Jetzt sage leise in Gedanken zu dir selbst und empfinde, wenn du möchtest: »Ich weiß tief in meinem Innern: Meine Gedanken, meine Gefühle und meine inneren Bilder bestimmen mein Leben, meinen Körper und meine persönliche Lebenserfahrung. Deshalb möchte ich lernen, sie so bewusst zu gestalten, wie ich es möchte und es gut für mich ist.«

Jetzt ist es an der Zeit, für die Dauer dieser Übung alle Gedanken und Gefühle loszulassen, die dich beschäftigen. Lass sie einfach wegtreiben und werde still.

Du erreichst einen Zustand tiefer Entspannung. Deine Gedanken und Gefühle sind still und klar und haben große schöpferische Kraft. Alle Ebenen deines Unterbewusstseins liegen frei zugänglich vor dir und können genutzt werden.
Diese Übung hilft dir, den üblichen Rahmen deiner Vorstellung zu verlassen und ganz frei, unbeschwert und leicht neue Ideen, Wünsche und Bilder von einem Leben auftauchen zu lassen, das du gern führen würdest, gemeinsam mit einem Partner, der dir gefällt und mit dem du dein Leben teilen möchtest. Wenn du diese Phantasien verfolgst, ist es vollkommen gleichgültig, ob du glaubst, dass sie sich jemals verwirklichen werden. Spiele mit deinen Gedanken, mit deinen Bildern und Gefühlen. Lass dich von deinen Phantasien treiben und genieße. Sie werden dir helfen, den Boden für etwas Neues zu bereiten.

Richte deine Aufmerksamkeit auf deinen Beruf: Wie könnte dein berufliches Leben schöner werden, so, wie du es dir wünschst? Was sollte dein Beruf dir geben? In welcher Form sollte dein Partner daran teilhaben?

Jetzt richte deine Aufmerksamkeit auf deine zwischenmenschlichen Beziehungen: Wie könnten deine Beziehungen zu anderen Menschen und der Austausch mit ihnen intensiver und schöner werden, so, wie du sie dir wünschst? Wie möchtest du dich mit anderen Menschen fühlen, wie dich ausdrücken? Welche Rolle sollte dein Partner dabei spielen? Wie sollte er daran teilhaben?

Jetzt richte deine Aufmerksamkeit auf deine Partnerschaft: Wie stellst du dir eine schöne, erfüllende Partnerschaft vor? Welche Gefühle möchtest du in der Partnerschaft haben? Wie möchtest du dich in der Partnerschaft ausdrücken? Was möchtest du geben? Was sollte in deiner Partnerschaft möglich sein, was sollte dort alles erlebt werden? Welche Art Mensch sollte dein Partner sein, damit all dies schön und leicht erlebbar wird?

Jetzt richte deine Aufmerksamkeit auf deinen Körper: Wie stellst du dir deinen Körper vor, damit du dich wohl darin fühlen kannst? Wie möchtest du dich in ihm zum Ausdruck bringen? Wie sollte er auf andere wirken? Wie möchtest du Körperlichkeit mit deinem Partner erleben?

Jetzt richte deine Aufmerksamkeit ganz allgemein auf dein Leben und auf das, was du erleben möchtest: Stell dir Ereignisse vor, Orte, Personen und alles, was du gern erleben möchtest. Wie möchtest du dich fühlen und zum Ausdruck bringen? Wo möchtest du sein? Was möchtest du haben? Welche Rolle soll deine Partnerschaft dabei spielen?

Jetzt lass all diese Gefühle und Bilder in dir wirken, empfinde sie, lass dich von ihnen treiben und ruh dich aus. Lass zu, dass diese Energien tief in den See deines Unbewussten sinken, und lass Sie dort. Beachte Sie nicht mehr. Ruh dich aus …

Jetzt ist es Zeit, in den normalen, wachbewussten Zustand zurückzukehren. Komm mehr und mehr zurück in die Wachheit und fang langsam an, dein Umfeld wieder wahrzunehmen, deine Gedanken und Gefühle ...

Nun bist du wieder wach und frisch, und dein Körper fühlt sich ausgeruht und erholt.
Öffne die Augen.

Auch diese Meditation sollten Sie nur vier bis sechs Mal im Monat machen, damit Sie in Ihren Phantasien beweglich bleiben, auf äußere Umstände reagieren und neue Impulse besser interpretieren können. Wenn Sie die Übung abends machen (mit einem anderen Schluss; siehe Seite 54), können Sie die neuen Phantasien auch direkt mit in Ihre Träume nehmen, wo sie sich verselbstständigen und sogar noch weiterentwickeln können, egal, ob Sie sich morgens noch daran erinnern oder nicht.

Ein wichtiger Hinweis: Wenn die neuen Phantasien Sie so begeistern, dass Sie anfangen, konkrete Visionen daraus zu entwickeln, sollten Sie diese nur mit solchen Freunden teilen, die Sie weiterhin inspirieren und vielleicht sogar bei der Umsetzung unterstützen werden. Ablehnende oder skeptische Menschen, die ihren Prägungen vielleicht noch zu sehr verhaftet sind oder Angst vor Veränderungen haben, sollten Sie nicht an Ihren Ideen teilhaben lassen, damit diese nicht zerredet oder als versponnen infrage gestellt werden, denn dadurch würden sie ihre geistige Energie verlieren.

Um Ihre Bereitschaft zur Veränderung und Ihre positive Grundeinstellung immer wieder aufzufrischen und zu stärken, können Sie regelmäßig die Meditationen »Ich bin« und »Leitgedanken am Abend/am Morgen« machen. Denken Sie daran:

Die meisten Menschen suchen nicht nach Veränderung, Freiheit und einem intensiven Leben, das zu ihnen passt, sondern verstecken sich hinter der Illusion von Sicherheit und Geborgenheit und lassen das Leben lieber aus sicherer Distanz an sich vorbeiziehen.

Interessanterweise wirken sich schöne, attraktive Phantasien schon auf unsere Gefühle, unsere Gedanken und unseren Körper aus, bevor sie überhaupt umgesetzt wurden. Unser Körper und unsere Psyche unterscheiden nicht zwischen Erinnerungen, die ja nichts anderes sind als Phantasien, die sich auf die Vergangenheit stützen; Phantasien der Gegenwart, die sich auf unsere Wahrnehmung stützen, und Phantasien der Zukunft, die sich auf Erwartungen, Hoffnungen oder Ängsten stützen. Phantasien wirken jetzt und beeinflussen uns auch jetzt, egal, auf welche Zeiträume sie sich stützen. Deshalb ist es auch nicht sehr hilfreich, sich über die Vergangenheit Gedanken zu machen, denn darauf reagieren wir körperlich und psychisch, als ob es jetzt wäre. Ebenso wenig sinnvoll ist es, sich irgendwelchen Zukunftseventualitäten hinzugeben, denn auch darauf reagieren wir im Jetzt.

Wenn wir Phantasien für die praktische Umsetzung entwickeln wollen, sollten wir einerseits darauf achten, dass sie eine Lebensqualität beschreiben, die sehr attraktiv ist und uns motiviert, alles zu tun, was zu ihrer Umsetzung nötig ist. Andererseits dürfen diese Phantasien aber auch nicht zu weit von unserer gegenwärtigen Situation entfernt sein. Sonst entwickeln wir vielleicht vor allem Zweifel daran, dass wir es jemals schaffen, dorthin zu gelangen. Wir sollten, wenn wir in den Phantasien baden, den Eindruck haben, dass wir, wenn alles gut läuft, durchaus alles wahr werden lassen können, was wir uns gerade vorstellen und wünschen. Wir müssen unbedingt an die Machbarkeit des Vorgestellten glauben können, damit wir genügend Visionsenergien freisetzen können, um es auch wahr werden zu lassen.

Menschen, die aufgrund ihrer alten Prägungen noch zu sehr zu Selbstzweifeln und demnach auch zu Zweifeln an ihrem Erfolg neigen, sollten in ihren Visionen zunächst nur eine kleine, dafür aber aus ihrer Sicht machbare Steigerung ihrer Lebensqualität anstreben. Damit entgehen sie der Gefahr, ihre Visionsenergie durch Versagensängste selbst zu blockieren.

Erst wenn wir eindeutig und voller Vertrauen hinter unseren neuen Ideen und Zielen stehen, uns ganzheitlich dafür entschieden haben und spüren, dass sie gut für uns sind, können wir erfolgreich damit beginnen, unsere Energien im Wachbewusstsein und vor allem im See unseres Unterbewusstseins so zu verändern, dass wir unsere Wünsche Wirklichkeit werden lassen können.

Kapitel 4
Die Kraft der inneren Vision

Wir sind als Mensch nicht in eine von uns unabhängige Welt hineingeboren, an die wir uns anpassen und mit der wir irgendwie zurechtkommen müssen. Vielmehr prägen wir unser Umfeld und ganz besonders unsere persönliche Lebenserfahrung entscheidend mit, und zwar durch die geistigen Energien, die Gedanken, Gefühle und Phantasien, die wir täglich in uns bewegen und ständig ausstrahlen.

Dass geistige Energien, besonders Gefühle und Stimmungen, eine Wirkung haben, haben wir alle schon erlebt. Vor einer Prüfung haben wir zum Beispiel ganz gründlich gelernt und uns vorbereitet, aber in dem Moment, in dem uns der Prüfer fragt, sind wir so aufgeregt, dass uns selbst die einfachsten Dinge nicht mehr einfallen wollen. Oder wir möchten als Mann eine attraktive Frau ansprechen und haben uns genau überlegt, was wir sagen wollen, aber kaum stehen wir ihr gegenüber, stammeln wir nur noch hilflos vor uns hin. Oder wir arbeiten konzentriert und schnell an einem Projekt, aber von dem Moment an, in dem uns klar wird, dass wir nur noch wenig Zeit haben, läuft alles schief. Sicher kennen auch Sie viele solche Beispiele.

Auch dass körperliche Krankheiten ein Spiegelbild der Art und Weise sind, wie wir über uns selbst und das

Leben denken, haben Sie bestimmt schon gehört oder sogar an sich selbst beobachten können. In der Medizin spricht man von psychosomatischen Krankheiten und kann inzwischen schon relativ sicher bestimmte Krankheitssymptome bestimmten Verhaltensmustern oder psychischen Problemen zuordnen. Zum Beispiel hat man entdeckt, dass Bauspeicheldrüsenprobleme häufig mit Gefühlsproblemen zu tun haben, mit zu wenig erhaltener Nähe, Zärtlichkeit und Anerkennung in der Kindheit und später eben auch. Oder dass Krebspatienten in der Regel sensible und gefühlsbetonte Menschen sind, die aber weder ihre Gefühle leben und zum Ausdruck bringen, noch sich ihre Sehnsüchte zugestehen und erfüllen und stattdessen gekränkt und enttäuscht sind, wenn ihnen der Partner nicht dabei hilft und auch sonst niemand.

Im Geschäftsleben hat man beobachtet, dass die persönliche Einstellung des Verkäufers zur Qualität eines Produkts eine große Auswirkung auf den Verkaufserfolg hat, und dass regelmäßige Trainings mit dem Ziel, eben diese persönliche Einstellung der Kundenberater zu optimieren, die Verkaufszahlen steigern. Offenbar strahlen Gefühle und persönliche Überzeugungen über die Körpergrenzen hinaus und werden von anderen Menschen wahrgenommen.

Darüber hinaus scheinen auch die Energien unseres Bewusstseins über die Körpergrenzen hinaus auszustrahlen und mit dem Leben in seinen verschiedensten Aspekten zu korrespondieren. Ich persönlich kann im Energiefeld einer Person genau wahrnehmen, was sie denkt und fühlt, und ob sie das, was sie sagt, auch wirklich meint. Wir alle haben die Fähigkeit, das wahrzunehmen, aber nicht allen ist sie bewusst. Ich kann aber auch sehen, wie genau das, was ein Mensch in sein Leben zieht – Menschen, Umstände und Situationen –, den Gedanken, Gefühlen und Erwartungen entspricht, die ebendieser Mensch vorher ausgesandt hat. Unsere geistigen Energien bilden ein Feld um uns herum, und dieses Feld strahlt Tag und Nacht aus wie ein Sender und zieht magnetisch entsprechende Energien in Form von Menschen und Situationen an, beziehungsweise zieht uns dorthin, wo eine Entsprechung zu uns vorhanden ist.

Vor diesem Hintergrund ist natürlich klar, dass die wenigsten Energien in unserem geistigen Feld aus unserem Wesen stammen. Die meisten entspringen unserem unterbewussten See und seinen Prägungen und entsprechen damit unserer erlebten Geschichte. Wir haben also viel eher eine geschichtliche Ausstrahlung als eine Wesensausstrahlung und ziehen damit natürlich auch eher das an, was unserer Prägung und den daraus entspringenden Gefühlen, Gedanken und Erwartungen entspricht. Was wir auf diese Weise anziehen, bestätigt wiederum die alten Prägungen und gibt ihnen noch mehr Energie. Wenn wir unserer Geschichte entgehen wollen, müssen wir also diesen Kreislauf der sich immer wieder neu bestätigenden Prägungen unterbrechen. Dies ist möglich, indem wir die Aufmerksamkeit von unserer persönlich erlebten Geschichte abziehen, durch genaue Beobachtung unserer Lebensumstände und unseres Verhaltens unsere Prägungen durchschauen und verstehen, wie sie im Moment sind – unabhängig davon, wie es zu ihnen gekommen ist –, und sie dann gezielt durch neue, zu unserem Wesen passende Prägungen ersetzen, die dann all das in unser Leben bringen, was unseren Sehnsüchten, Bedürfnissen und Fähigkeiten entspricht.

Für die ersten Schritte habe ich Ihnen bereits Übungen

und Meditationen an die Hand gegeben. Wie wir unseren unterbewussten See neu prägen können, um eine besser zu unserem Wesen passende Ausstrahlung zu erhalten, möchte ich Ihnen jetzt zeigen. Es gibt dafür mehrere wirksame Methoden, die sich einzeln oder auch gemeinsam, gleichzeitig oder nacheinander nutzen lassen.

Jede dieser Methoden ist in der Lage, wirksame Veränderungen in Ihrem unterbewussten See zu bewirken und damit Ihre Ausstrahlung und in Folge Ihr ganzes Leben dauerhaft zu verändern – ganz frei und so, wie Sie es sich wünschen.

Zunächst möchte ich Ihnen den Weg zur »Neuprägung« Ihres unterbewussten Sees zeigen. Er basiert auf meiner Beobachtung, dass die in unser Unterbewusstsein eingeprägten Inhalte – Überzeugungen, Ansichten über uns selbst und die Welt sowie Wertungen von gut bis schlecht, möglich bis nicht möglich – unsere Gedanken und Gefühle, Verhaltens- und Wahrnehmungsmuster prägen und so einen Großteil unserer persönlichen Ausstrahlung bilden, und zwar ganz unabhängig davon, wann diese Prägungen stattgefunden haben, wer sie warum verursacht hat und ob sie überhaupt irgendeine Gültigkeit haben, also richtig sind oder waren. Es ist die Prägung an sich, hier und jetzt, die uns und unser Leben beeinflusst. Daher scheint es nur wichtig, diese Prägungen zu erkennen, für uns wesentliche von für uns unwesentlichen zu unterscheiden und sie dann umzuformen oder durch neue, für uns bessere zu ersetzen. Ein Verstehen oder gar Bearbeiten der Vergangenheit ist dabei überflüssig und würde sich sogar störend auswirken, weil wir den alten Prägungen damit Aufmerksamkeit schenken und neue Energie verleihen würden, die vorübergehend sogar unsere geschichtliche Ausstrahlung stärken könnte, was ja genau das Gegenteil von dem ist, was wir wollen.

Meine Beobachtungen an vielen Klienten, die nach langjähriger Analyse oder einer anderen vergangenheitsbezogenen Therapie zu mir kamen, scheinen dies zu bestätigen. Ihre Lebensqualität hatte sich über all dem Erforschen, Verstehen und Bewältigen ihrer Vergangenheit nicht gebessert, sondern oft sogar noch verschlechtert, nur dass sie ihre Probleme und wie es dazu gekommen war, nun voll und ganz verstanden. Es mag Ausnahmefälle geben, in denen ein starker Therapeut den Klienten mit viel Energie nach vorn geschoben hat, aber wohlgemerkt mit *seiner* Energie.

Wie wir zu den Inhalten für eine Neuprägung kommen, haben wir bereits geklärt. Was wir jetzt brauchen, ist eine wirksame Technik, um die angestrebten neuen Inhalte so tief in unserem unterbewussten See verankern zu können, dass sie prägend wirken, und genügend Energie, um die einzuprägenden Inhalte damit zu füllen und sie in uns und in unserem Leben wirksam werden zu lassen. Wie viel Energie wir dafür aufbringen können, ist stark abhängig von unserer inneren Überzeugung, dass wir uns in den neuen Lebensumständen und mit dem neuen Selbstverständnis auch wirklich wohlfühlen werden. Ganz sicher können wir uns dabei natürlich nie sein, bevor wir tatsächlich in den neuen Umständen leben, aber wir können relativ sicher sein, wenn wir intensive Phantasien dazu aufbauen, uns darin erleben und genau beobachten, wie wir uns dabei fühlen. Kommen uns schon während des Phantasierens Zweifel, so ist das kein gutes Zeichen und wir sollten nochmals in uns gehen. Werden wir aber schon beim Phantasieren euphorisch, ist alles gut und wir sollten den Versuch laufen lassen in dem Bewusstsein, dass wir die Prägung jederzeit wieder ändern können, sollte sie sich als nicht gut erweisen. Machen Sie deshalb vor Beginn jeder neuen Prägung die folgende Übung zur Klärung.

Übung: Klärung der Phantasie

Stellen Sie sich noch einmal ganz in Ruhe die verschiedenen Bereiche Ihres Lebens vor, in denen Sie sich nicht so wohlfühlen, und ersetzen Sie diese Vorstellungen durch die neu gefundenen Phantasien und Visionen. Dann stellen Sie sich selbst in diesen neuen Umständen vor und fragen sich, wie diese auf Sie wirken und wie Sie selbst sein, denken, fühlen und handeln müssten, damit diese Umstände zu Ihnen passen. Können Sie sich vorstellen, so zu sein? Wie fühlen Sie sich in den neuen Phantasien? Fallen Ihnen Kleinigkeiten auf, die noch zu ändern wären? Fühlen Sie sich ganz natürlich, frei und lebendig, oder haben Sie womöglich das Gefühl, ein wenig überfordert zu sein?

Baden Sie einige Male in diesen neuen Gefühlen – mindestens so oft, bis Sie von ganzem Herzen sagen können: »Ja, das will ich. So fühle ich mich wohl.«

Jeglicher Zweifel, der während der Prägungen mit neuen Inhalten aufkommt, nimmt Ihnen Energie, arbeitet also gegen Sie. Andererseits sollten Sie natürlich auch nicht zu ängstlich sein und ewig warten, bis Sie glauben, für eine Veränderung bereit zu sein, denn alles, was Sie jetzt phantasieren, kann ja auch immer wieder verändert werden.

Wenn Sie mit einer Phantasie und den Gefühlen, die Sie dabei haben, zufrieden sind, nehmen Sie einige Personen aus Ihrem Umfeld mit in diese Phantasie und beobachten, wie sie dazu passen. Manche werden sich sofort in der neuen Phantasie wohlfühlen, andere nicht. Ist Ihnen das gleichgültig? Können

Sie sich sogar vorstellen, dass einige dieser Personen allmählich ganz aus Ihrem Leben verschwinden und eigene Wege gehen? Können Sie sich mit dieser Idee anfreunden? Erst wenn Sie auch jetzt noch guter Dinge sind, können wir uns der Neuprägung widmen.

Unter Neuprägung des unterbewussten Sees verstehe ich nicht etwa eine Art von positivem Denken, bei dem es uns eigentlich nicht kümmert, welche Prägungen in uns wirksam sind, welchen Einfluss diese auf uns und unser Leben haben und ob sie überhaupt zu unserem Wesen passen, wo wir uns also nur eine positive Mütze aufsetzen in dem Glauben, alles kommt gut. Diese Form des positiven Denkens verdrängt die Signale aus dem Unterbewusstsein, die uns sagen könnten, was uns unzufrieden macht und was nicht, was uns Energie nimmt und was uns welche gibt. Wir haben zwar eine positive Grundeinstellung, tun aber weiterhin genau das, was wir gar nicht wollen und was unserem Wesen überhaupt nicht entspricht. Positives Denken, das solcherart zur Verschleierung eingesetzt wird, entfernt uns möglicherweise so weit von unserem Wesen, dass wir seine Hilferufe irgendwann gar nicht mehr hören können.

Wenn wir unsere Prägungen erforscht haben und wirklich für eine Neuprägung bereit sind, ist eine positive Einstellung natürlich sehr hilfreich, denn sie verleiht unseren Prägungen mehr Energie. Dennoch sollten Sie sich hüten, pauschal positiv zu denken. In dieser Phase der Neuprägung geht es nämlich darum, gezielt die Energien zu intensivieren, die von jetzt an Sie selbst und Ihr Leben prägen sollen. *Energie folgt der Aufmerksamkeit.* Wenn es uns also gelingt, unsere Wahrnehmung auf genau die Gedanken, Gefühle und Phantasien zu richten, die von jetzt an unser Leben bestimmen sollen, dann wird unsere Energie auch genau dorthin fließen, weg von den alten Prägungen. Wenn wir hingegen nur positiv denken, verdrängen wir vielleicht die Energien der negativen Prägungen, lenken sie aber nicht in eine neue Richtung. Das heißt, die alten Prägungen bleiben aktiv.

Wie bereits erwähnt, haben wir es bei dem Versuch, unser Unterbewusstsein neu zu prägen, mit dem Problem des Wahrnehmungsfilters zu tun. Solange dieser aktiv ist, verhindert er, dass Inhalte, die nicht im Einklang mit den alten Prägungen sind, in unseren unterbewussten See einfließen können. Ich habe Ihnen bereits zwei Möglichkeiten vorgestellt, dieses Problem zu lösen. Die eine – ich nenne sie Doppelreizmethode – besteht darin, den Wahrnehmungsfilter abzulenken, indem wir unsere Aufmerksamkeit intensiv auf eine Reizquelle richten, damit unsere Vernunft dort ebenso gebunden ist wie unsere automatische Wahrnehmung. Dann liegt unser unterbewusster See frei vor uns und ist bereit, neue Inhalte kritiklos aufzunehmen und sie den alten zur Seite zu stellen. Die andere Möglichkeit besteht darin, den Wahrnehmungsfilter zu deaktivieren, indem wir unser wachbewusstes Ich an die Schlafgrenze führen, wo alle Prägungen vorübergehend inaktiv sind.

Übung: Neuprägung über die Doppelreizmethode

Als Vorbereitung schreiben Sie die Inhalte (Gefühle, Gedanken, Verhaltensweisen, Visionen), die Sie sich einprägen wollen, auf kleine Zettel und benutzen dabei eine einfache Sprache, bildhaft, mit wenigen Worten, sodass die Inhalte leicht fühlbar sind. Dann überlegen Sie sich, worauf Sie sich persönlich gern kon-

zentrieren, vielleicht sogar mehrmals am Tag, denn das könnte gut als dominanter Reiz dienen. Das auf den Zetteln Aufgeschriebene soll als untergeordneter Reiz direkt in Ihr Bewusstsein einfließen.
Hier ein paar Beispiele:

- Wenn Sie sich häufig im Spiegel betrachten, zum Beispiel beim Rasieren oder beim Schminken, kleben Sie Ihre Zettel auf den Spiegel, allerdings nicht zu viele auf einmal. Während Sie dann vor dem Spiegel stehen und tun, was Sie eben tun, lassen Sie Ihren Blick immer mal wieder flüchtig über die Zettel streifen, aber konzentrieren Sie sich nicht darauf, sondern kehren Sie gleich wieder zu Ihrer Tätigkeit zurück.
- Wenn Sie gern Musik hören, hören Sie einfach die Musik, die Ihnen gefällt, und lesen dabei immer mal wieder schnell Ihre Zettel, wobei die Hauptaufmerksamkeit bei der Musik bleibt.
- Wenn Sie gern Videos anschauen, lesen Sie mitten im Film, wenn es gerade besonders spannend wird, schnell Ihre Zettel, bleiben aber mit Ihrer Aufmerksamkeit vor allem beim Film.
- Sie können auch intensiv und lange in eine Kerzenflamme schauen, und wenn Ihr Blick irgendwann verschwimmt, lesen Sie schnell Ihre Zettel oder sprechen den Text, den Sie dort aufgeschrieben haben, auswendig vor sich hin.
- Und wenn Sie gemütlich beim Frühstück sitzen, schauen Sie auf den Kaffeelöffel, mit dem Sie gerade in der Tasse rühren, und wiederholen laut und auswendig, was Sie aufgeschrieben haben.

Sie sehen schon, Ihrer Phantasie sind keine Grenzen gesetzt. Jeder dominant wirkende Reiz ist brauchbar. Sie können sich die Zettel natürlich auch vorlesen lassen oder Ihre eigenen Worte vom Band hören, während Sie sich einem dominanten Reiz aussetzen.

Übung: Neuprägung über das Ausschalten der Wahrnehmungsschwelle

Auch hierfür können Sie die vorbereiteten Zettel benutzen.

- Hören Sie entspannende Musik und lassen Sie sich bewusst mit geschlossenen Augen bis an die Schlafgrenze treiben. Öffnen Sie dann schnell die Augen, überfliegen Sie kurz Ihre Zettel und schließen Sie die Augen gleich wieder.
- An der Schlafgrenze können Sie auch die Wunschschnur benutzen. Nach alten Überlieferungen besteht sie aus einer dünnen Schnur mit zwölf Knoten, Perlen oder Edelsteinen, die vielleicht in Farbe und Form zu Ihren Wünschen passen. Während Sie diese Schnur kurz vorm Einschlafen durch Ihre Finger gleiten lassen, sagen Sie sich bei jedem Knoten halblaut vor, was Sie sich einprägen wollen. Das Gleiche machen Sie morgens nach dem Aufwachen. Allmählich gewöhnt sich Ihr Unterbewusstsein an den Zwölferrhythmus und wird ihn selbst dann fortsetzen und sich die dazugehörigen Inhalte einprägen, wenn Sie zwischendurch einschlafen sollten. Wenn Sie die Schnur auch tagsüber bei sich tragen, zum Beispiel in der Hosentasche, wird sich Ihr Unterbewusstsein immer dann an die neuen Inhalte erinnern, wenn Sie die Schnur absichtlich oder aus Versehen berühren und damit die Prägungen aktivieren. Um die Sache einfacher, aber auch spannender zu machen, können Sie verschiedene Wunschschnüre

für unterschiedliche Wünsche entwerfen. Dann haben Sie pro Knoten weniger Inhalte, die dafür schneller und leichter ins Unterbewusstsein sinken. Außerdem haben Sie die Möglichkeit, die Energie von Steinen für eine intensive Prägung Ihrer Wünsche zur Hilfe zu nehmen. Vielleicht wählen Sie eine Rosenquarzkette für die Liebe und alles, was sich darum rankt. Oder eine Bergkristallkette für alles, was mit Erfolg und Reichtum zu tun hat, oder eine Türkiskette zum Heilen, und so fort.

- Zu den für mein Empfinden wirksamsten Methoden gehört es, die Inhalte, die man sich einprägen möchte, beim Einschlafen anzuhören oder auch so geführt zu werden, dass eine sprachliche Führung die entsprechenden Inhalte wie von selbst freisetzt, auch dann, wenn sie vorher noch gar nicht so konkret formuliert wurden. Sie können selbst ein Tonband mit solchen Einschlafprägungen besprechen und das Gerät anstellen oder anstellen lassen, wenn Sie schon fast am Einschlafen sind. Oder ein Partner liest Ihnen in Ruhe vor, was Sie zuvor aufgeschrieben haben, wenn er sieht, dass Sie am Einschlafen sind.

Die folgende Meditation sollten Sie machen, nachdem Sie in Ihren Phantasieübungen viele konkrete Ideen dazu bekommen haben, wie Sie sich selbst oder Ihr Leben gern erleben würden. Sie hilft Ihnen, starke, konkrete Bilder dazu aufzubauen.

Meditation – Aktive Lebensgestaltung

Diese Übung hilft dir, starke geistige Energiemuster zu erzeugen, die deine Gefühle und Gedanken, deinen Körper und dein

Leben so gestalten, wie es deinen Sehnsüchten entspricht und gut für dich ist.

Atme langsam tief ein und aus und schließe die Augen.
Atme weiter tief ein und aus, und während du langsam weiteratmest, lass immer mehr los, lass dich treiben.
Der Körper darf jetzt schlafen gehen, deine Gedanken und deine Wahrnehmung werden wach bleiben.
Die Muskeln und Nerven in deinem Unterkiefer entspannen sich, lassen los.
Deine Stirn entspannt sich ... die Muskeln und Nerven in deiner Stirn entspannen, lassen los.
Deine Wangen entspannen sich ... die Muskeln und Nerven in deinen Wangen entspannen sich, lassen los.
Deine Augen entspannen sich ... die Muskeln und Nerven in beiden Augen entspannen sich, lassen los. Deine Augen werden klar und entspannt.
Die Kopfhaut entspannt sich ... die Muskeln und Nerven der Kopfhaut entspannen sich, lassen los.
Die Entspannung sinkt tief hinein in den Kopf, tief hinein in die Mitte des Kopfes. Der Kopf wird klar, frei und leicht, ganz entspannt.
Die Entspannung sinkt hinein in den Hals, den Nacken, die Schultern, hinein in die Arme und die Hände. Alle Muskeln und Nerven dort entspannen sich, lassen los.
Die Entspannung fließt hinein in die Hüften, die Beine und die Füße. Alle Muskeln und Nerven dort entspannen sich, lassen los.
Die Entspannung fließt hinein in den Rücken, in die Wirbelsäule. Alle Muskeln und Nerven dort entspannen sich, lassen los.
Du erreichst einen Zustand tiefer Entspannung, in dem der See deines Unterbewusstseins frei zugänglich vor dir liegt.

Alles, was du in diesen See einsinken lässt, alle Bilder, alle Gefühle, alle Gedanken sind dort fest verankert und bilden Energiemuster, die dich selbst und dein Leben beeinflussen.
Jetzt mache dir ein Bild von dir selbst, wie du sein möchtest, von deinen Fähigkeiten, deinen Eigenheiten, deiner Persönlichkeit. Stelle dir dich selbst vor. Fühle dich, empfinde dich selbst so, wie du sein möchtest.
Stelle dir dich selbst vor. Mache dir ein Bild von dir selbst. Fühle dich und empfinde dich selbst so, wie du sein möchtest und wie du möchtest, dass andere Menschen dich wahrnehmen und erleben.
Lass dieses Gefühl, diese Vorstellung von dir selbst in den See deines Unterbewusstseins, den Ort deiner unterbewussten Energie einsinken – und ruh dich aus.

Mach dir nun eine Vorstellung von deinem Beruf. Stell ihn dir vor. Empfinde ihn so, wie er sein soll. Was soll er dir bedeuten? Welchen Stellenwert soll er in deinem Leben haben? Wie sollten dich andere Menschen darin sehen? Welche Entwicklungsmöglichkeiten, welche Ausdrucksmöglichkeiten möchtest du dort haben? Welche Tätigkeiten willst du dort ausüben? Was willst du in diesem Beruf schaffen und erreichen?
Empfinde dich in deinem Beruf so, wie du sein und dich fühlen möchtest – vor, während und nach der Arbeit.
Jetzt lass auch diese Gefühle, diese Vorstellungen los. Lass sie in den See deines Unterbewusstseins sinken – und ruh dich aus.

Jetzt denke an die Partnerschaft, die du haben möchtest. Wie soll sie sein? Was soll sie dir geben? Was möchtest du in ihr erleben? Welche Rolle soll sie in deinem Leben spielen? Wie möchtest du dich in dieser Partnerschaft fühlen?

Versetze dich so in deine Partnerschaft hinein, wie du dich darin fühlen möchtest. Empfinde dich in vielen verschiedenen Situationen. Fühle sie, fühle dich in deiner Partnerschaft. Jetzt lass auch diese Bilder, diese Gefühle los. Lass sie in den See deines Unterbewusstseins sinken – und ruh dich aus.

Jetzt denke an deine zwischenmenschlichen Beziehungen und Freundschaften. Wie sollen sie sein? Was möchtest du in ihnen erleben? Welche Rolle sollen sie in deinem Leben spielen? Wie möchtest du dich in ihnen fühlen?
Wie möchtest du dich im zwischenmenschlichen Bereich fühlen? Welche Rolle sollen deine Freunde für dich spielen? Was ist dir im Umgang mit anderen Menschen wichtig? Fühle. Empfinde.
Jetzt lass auch diese Bilder, diese Gefühle los. Lass sie in den See deines Unterbewusstseins sinken – und ruh dich aus.

Jetzt denke an deinen Körper. Wie soll er sein? In welchem Zustand soll er sein? Was bedeutet er für dich? Wie möchtest du dich durch deinen Körper ausdrücken? Wie sollen andere Menschen deinen Körper sehen und auf ihn reagieren? Wie möchtest du dich in deinem Körper fühlen?
Jetzt lass auch diese Bilder, diese Gefühle los. Lass sie in den See deines Unterbewusstseins sinken – und ruh dich aus.

Jetzt denke daran, was du alles erlebt haben möchtest, bevor dieses Leben zu Ende geht. Denke daran, was für dich in diesem Leben ganz besonders wichtig ist und sein soll – so wichtig, dass du es unbedingt erleben möchtest, bevor du stirbst. Was willst du erschaffen, lernen und erleben?

Alle Bilder, alle Ideen, Gefühle und Gedanken, denen du dich jetzt hingegeben hast, sind tief im See deines Unterbewusst-

seins verankert und wirken dort. Sie bilden Muster aus Energie, die alles beeinflussen, alles in dir, in deinem Körper und über die Grenzen deines Körpers hinaus in deinem Umfeld.
Je öfter du diese Energiemuster erzeugst, desto schneller und einfacher werden sie in deinem Leben sichtbar werden. Jetzt ruh dich aus.

Nun ist es Zeit zurückzukehren in den normalen wachbewussten Zustand. Komm mehr und mehr zurück in die Wachheit und beginne langsam, dein Umfeld wieder wahrzunehmen, deine Gedanken und Gefühle.
Du bist nun wieder wach und frisch, und dein Körper fühlt sich ausgeruht und erholt an.
Öffne die Augen.

Die nächste Meditation sollten Sie machen, wenn Sie nach Ihren Phantasieübungen zwar nicht so genau wissen, was sich im Detail in Ihrem Leben ändern sollte oder welche Eigenschaften Sie sich genau wünschen, wohl aber ein gutes Gespür dafür haben, welche Gefühle Sie in den verschiedenen Lebensbereichen begleiten sollten, wobei es Ihnen egal ist, wie diese Gefühle genau entstehen oder welches Verhalten dazu führen könnte.

Meditation – Entfalte deine Bestimmung

Atme langsam tief ein und aus und schließe die Augen.
Atme weiter tief ein und aus, und während du langsam weiteratmest, lass immer mehr los, lass dich treiben.
Der Körper darf jetzt schlafen gehen, deine Gedanken und deine Wahrnehmung werden wach bleiben.

Die Muskeln und Nerven in deinem Unterkiefer entspannen sich, lassen los.
Deine Stirn entspannt sich ... die Muskeln und Nerven in deiner Stirn entspannen sich, lassen los.
Deine Wangen entspannen sich ... die Muskeln und Nerven in deinen Wangen entspannen sich, lassen los.
Deine Augen entspannen sich ... die Muskeln und Nerven in beiden Augen entspannen sich, lassen los. Deine Augen werden klar und entspannt.
Die Kopfhaut entspannt sich ... die Muskeln und Nerven der Kopfhaut entspannen sich, lassen los.
Die Entspannung sinkt tief hinein in den Kopf, tief hinein in die Mitte des Kopfes. Der Kopf wird klar, frei und leicht, ganz entspannt.
Die Entspannung sinkt hinein in den Hals, den Nacken, die Schultern, hinein in die Arme und die Hände. Alle Muskeln und Nerven dort entspannen sich, lassen los.
Die Entspannung fließt hinein in die Hüften, die Beine und die Füße. Alle Muskeln und Nerven dort entspannen sich, lassen los.
Die Entspannung fließt hinein in den Rücken, in die Wirbelsäule. Alle Muskeln und Nerven dort entspannen sich, lassen los.
In diesem Zustand lösen sich deine Gedanken und Gefühle vom Körper. Dein Bewusstsein wird frei und geht eigene Wege. Und dein Körper kann sich jetzt tief entspannen und heilen.

Jetzt sage leise in Gedanken zu dir selbst und empfinde, wenn du möchtest: »Ich weiß tief in meinem Innern: Meine Gedanken, meine Gefühle, meine inneren Bilder bestimmen mein Leben, meinen Körper und meine persönliche Lebenserfahrung. Ich möchte deshalb lernen, sie so bewusst zu gestalten, wie ich es möchte und wie es gut für mich ist.«

Jetzt ist es an der Zeit, für die Dauer dieser Übung alle Gedanken und Gefühle, die dich beschäftigen, loszulassen. Lass sie einfach wegtreiben und werde still.
Du erreichst einen Zustand tiefer Entspannung. Deine Gedanken und Gefühle sind still und klar und haben große schöpferische Kraft. Die Ebenen deines Bewusstseins liegen frei zugänglich vor dir und können genutzt werden.
In dieser Übung kannst du deine Gefühle als schöpferische Energien kraftvoll konzentrieren und für jeden Bereich deines Lebens so gestalten, dass sie die Wirklichkeit anziehen werden, die du möchtest, die zu dir passt und die für deinen Lebensweg sinnvoll ist.

Gestalte nun deine Gefühle im zwischenmenschlichen Bereich.
Frage dich: »Welche Freunde und Bekannte möchte ich haben? Welche Gefühle sollen sie mir geben? Wie möchte ich mich fühlen, wenn sie da sind? Wie möchte ich mich fühlen, wenn sie weit weg sind von mir?
Wie möchte ich mich im Austausch fühlen, im Gespräch, bei gemeinsamen Unternehmungen?
Welche Gefühle sollen meine Freunde und Bekannte haben, wenn sie mich erleben, wenn sie sich mit mir austauschen, wenn wir gemeinsame Unternehmungen machen? Wie sollen sie sich in meiner Gegenwart fühlen?«
Ruh dich aus und lass dich treiben.

Jetzt denke an deine Partnerschaft und frage dich: »Welche Partnerschaft möchte ich haben? Wie möchte ich mich fühlen, wenn mein Partner in der Nähe ist, wenn ich mich mit ihm austausche? Was soll die Partnerschaft für mein Leben bedeuten?
Welche Gefühle möchte ich haben, wenn mein Partner ganz

nah bei mir ist und wir uns körperlich austauschen oder Sexualität miteinander erleben?
Welche Gefühle möchte ich haben, wenn ich gemeinsam mit meinem Partner Situationen erlebe, die mir wirklich wichtig sind?
Welche Gefühle soll mein Partner haben, wenn er bei mir ist und sich mit mir austauscht oder auch, wenn er weit weg ist und an mich denkt? Welche Gefühle sollen ihn bewegen?«
Ruh dich aus und lass dich treiben.

Jetzt denke an deinen Beruf und frage dich: »Welche Gefühle möchte ich haben, wenn ich ihn ausübe? Welche Gefühle möchte ich haben, wenn ich mit anderen Menschen über meinen Beruf spreche? Welche Gefühle möchte ich haben, wenn ich daran denke, dass ich diesen Beruf vielleicht noch viele Jahre ausüben werde?
Welche Gefühle sollen andere Menschen haben, wenn sie an mich und meinen Beruf denken, über ihn sprechen und wissen, dass ich ihn noch viele Jahre ausüben werde?«
Ruh dich aus und lass dich treiben.

Jetzt denke an deinen Körper und frage dich: »Wie möchte ich mich in meinem Körper zum Ausdruck bringen? Wie möchte ich mich fühlen, wenn ich mich in meinem Körper bewege, wenn ich ihn im Spiegel betrachte, wenn ich ihn kleide?
Wie möchte ich mich fühlen, wenn andere Menschen mich beobachten, meinen Körper, meine Bewegungen, meinen Ausdruck? Was soll mein Körper für mich und meine Gefühle sein?
Was sollen andere Menschen fühlen, wenn sie mich in meinem Körper sehen, wie ich mich in ihm ausdrücke, wie ich in kleide, wie ich ihn behandle?«
Ruh dich aus und lass dich treiben.

Jetzt denke an deinen Wohnbereich und frage dich: »Wie möchte ich mich fühlen, morgens, wenn ich den Tag beginne? Und abends, wenn ich den Tag beende? Wie soll mein Wohnbereich für mich und meine Gefühle sein? Wie möchte ich mich in ihm fühlen, wenn ich Besuch habe, Einladungen gebe? Was sollen andere Menschen empfinden, wenn sie an mich in meinem Wohnbereich denken, wenn sie mich in ihm erleben und wissen, dass ich dort noch einige Zeit bleibe?«
Entspanne dich und lass dich treiben.

Jetzt entscheide dich: Welches Grundgefühl möchtest du haben in diesem Leben – morgens, wenn du aufwachst, über den Tag hinweg und abends, wenn du schlafen gehst? Welches Grundgefühl und welche Gefühle sollen dich begleiten? Diese Gefühle werden eine Entsprechung im Außen suchen, in deinem Umfeld, deiner Partnerschaft und in deiner persönlichen Lebenserfahrung.

Jetzt ist es Zeit zurückzukehren in den normalen wachbewussten Zustand. Komm mehr und mehr zurück in die Wachheit und beginne langsam, dein Umfeld wieder wahrzunehmen, deine Gedanken und Gefühle.
Du bist nun wieder wach und frisch, und dein Körper fühlt sich ausgeruht und erholt an.
Öffne die Augen.

Hinweise für die Praxis

- Grundsätzlich können Sie alle vorgestellten Methoden auch gleichzeitig oder abwechselnd benutzen, wenn Sie sich Ihre Phantasien und Visionen intensiver oder ganzheitlicher einprägen wollen.

Notwendig ist dies zwar nicht, aber manchmal ist es sinnvoll, zum Beispiel wenn Sie herausfinden wollen, worauf Sie am besten reagieren.

- Was immer Sie an neuen Ideen oder Mustern in Ihrem unterbewussten See verankern wollen, sollte gut zueinanderpassen und auch nicht zu vielfältig sein, damit Sie Ihre geistigen Energien bündeln und eindeutig ausrichten können. Je mehr von Ihrer Aufmerksamkeit Sie auf einen Inhalt richten, desto kraftvoller wird er eingeprägt und desto schneller kann er in Ihrem Leben wirksam werden. Sich zu verzetteln ist nicht ratsam.
- Gestalten Sie den zeitlichen Rahmen für die Verwirklichung Ihrer Ideen eher großzügig oder sogar ganz frei, um keinen Erwartungsdruck aufzubauen oder eventuellen Zweifeln keinen Vorschub zu leisten. Alles, was Sie neu im See Ihres Unterbewusstseins verankern, beginnt zwar sofort zu wirken, aber bis es sich im Umfeld zeigen und die Lebensqualität entsprechend verändern kann, braucht es Zeit. Die neuen Prägungen müssen erst genügend Energie gewinnen, bevor sie die alten überlagern können. Das geht besonders bei alten, schon lange aktiven Prägungen nicht so schnell. Die Häufigkeit und die Intensität der Neuprägungen entscheiden über den möglichen Zeitpunkt ihrer Verwirklichung. Und solange gilt es hartnäckig durchzuhalten. Versuchen Sie der Versuchung zu entgehen, ständig schon etwaig vorhandene Erfolge zu erforschen. Wenn sich anfängliche Erfolge nämlich erst später einstellen, bauen sich in Ihnen nur Zweifel auf, die den Erfolg des ganzen Unternehmens unnötig hinausschieben. Sie müssen nicht an den Er-

folg glauben, aber Sie dürfen nicht aufhören zu prägen. Und selbst wenn sich erste Veränderungen in Form von neuen Gedanken, Gefühlen oder Verhaltensweisen bemerkbar machen, die auch schon im Außen sichtbar sind, bedeutet dies nicht, dass sie dauerhaft bleiben. Oft gewinnen die alten Prägungen gerade in diesem Stadium noch einmal die Oberhand, zumindest für eine gewisse Zeit. Auch da gilt es, nicht zu verzagen und nicht aufzugeben, sondern hartnäckig weiterzuprägen und die vorübergehenden Rückfälle einfach zu ignorieren. Wenn Sie wissen, dass sich solche Problemphasen wahrscheinlich oder zumindest möglicherweise einstellen, können Sie locker bleiben und schneller hindurchgehen.

- Solange sich noch keine deutlichen und andauernden Veränderungen in Ihnen selbst oder Ihrem Umfeld abzeichnen, sollten Sie anderen Menschen weder etwas über Ihre neuen Absichten erzählen noch über Ihren neuen Weg und darüber, wie er funktioniert. Unsere Mitmenschen reagieren häufig sehr skeptisch oder sogar ablehnend auf neue Ansätze und wünschen Ihnen eine Veränderung vielleicht nicht einmal. In solchen Fällen bekommen Sie statt Unterstützung und Rückenwind eher Zweifel und Gegenwind, und das brauchen Sie nun nicht wirklich. Es würde nur an Ihrer Motivation nagen und den Veränderungsprozess verlangsamen.
- Nehmen Sie keine bestimmten Personen, also keine Personen, die Sie kennen, in Ihre Phantasien auf, sondern nur einen Typ Mensch. Wer immer dann tatsächlich dazu passt, wird Teil Ihrer Phantasie

werden, sobald sie wahr wird. Manchmal sind es Menschen, die schon jetzt Teil Ihres Lebens sind, aber sie verändern sich. Oder die vorhandenen Personen verschwinden wie von selbst aus Ihrem Leben, weil sie nicht mehr zu Ihren neuen Phantasien passen, und geben Raum für neue Menschen, die genau dazu passen, die Sie aber erst noch kennenlernen müssen. Eine Phantasie an eine bestimmte Person zu binden, macht ihre Verwirklichung schwierig oder gar unmöglich, vor allem, wenn diese Person gar nicht zu der Phantasie passt und deshalb kein Teil davon werden kann. Da könnten Sie prägen, solange Sie wollen, und werden doch nicht bekommen, was Sie sich wünschen. Lassen Sie also feste Vorstellungen mit bestimmten Menschen los, auch wenn es schwerfällt. Vielleicht passt Ihr jetziger Partner nun mal nicht in Ihre Phantasie von der idealen Partnerschaft. Vielleicht kann er sich gar nicht so ändern, wie er es müsste, damit Sie mit ihm glücklich sein könnten. Dann sitzen Sie mit ihm fest, weil Sie ihn in Ihre Phantasie eingebunden haben, und es gibt keinen Raum für einen neuen Partner, der vielleicht viel besser zu Ihnen passen würde. Bleiben Sie also immer offen für das noch nicht Vorstellbare, indem Sie nicht alle Aspekte Ihrer Phantasie zu konkret gestalten. Konzentrieren Sie sich in den Lebensbereichen, in denen es Ihnen nicht so auf die genauen Details ankommt, auch mal nur auf die Gefühle, die Sie sich wünschen.

- Bleiben Sie allgemein genug, um noch offen zu sein für konkrete Überraschungen, aber gestalten Sie Ihre Phantasie dort konkret, wo es Ihnen wichtig ist.

Wenn Sie diesen Weg der Neuprägung konsequent gehen, werden Sie auf jeden Fall erleben, wie Sie sich als Mensch verändern und wie sich auch die verschiedenen Aspekte Ihres Umfelds Ihren neuen Phantasien entsprechend verändern werden. Aber es wird dauern, weil die alten Prägungen in der Regel sehr hartnäckig wirken, vor allem wenn sie schon lange aktiv waren.

Deshalb möchte ich Ihnen noch einen zweiten Weg zeigen, den Weg der Selbstverwirklichung und des Selbstausdrucks. Diesen Weg sollten Sie zusätzlich gehen, um die Wirksamkeit der neuen Prägung zu unterstützen und natürlich auch die Zeit zu verkürzen, bis sie Wirkung zeigen.

Kapitel 5
Selbstverwirklichung und Selbstausdruck

Auf dem Weg der Neuprägung werden wir die Inhalte unseres unterbewussten Sees langsam aber gründlich verändern und in der Folge allmählich neue Gefühle, Gedanken und Verhaltensweisen an uns beobachten, die unsere Ausstrahlung und damit auch unser Leben nach und nach verändern. Allein die Intensität der neuen Prägungen bestimmt, wie lange es dauert, bis diese im Außen oder auch in uns selbst sichtbar werden. Wenn wir diesen Zeitraum verkürzen wollen, sollten wir unsere innere Wandlung durch eine äußere Wandlung ergänzen, indem wir gezielt verändernd auf unser Umfeld einwirken oder unsere Aufmerksamkeit hauptsächlich auf die Aspekte unseres Umfelds richten, die zu unseren neuen Prägungen und Sehnsüchten passen. Einfacher ausgedrückt: Wir versuchen, unseren angestrebten Zielen gleichzeitig in uns selbst und im Außen näherzukommen. Wenn wir wissen, wohin uns unsere Prägungen führen sollen, versuchen wir schon jetzt, uns nur noch solchen Aspekten des Umfelds auszusetzen, die irgendwie zu unseren Sehnsüchten und Zielen passen und demnach die Energie unserer neuen Prägungen stärken. Gleichzeitig versuchen wir achtsam zu bemerken, welche der Aspekte, die uns im Umfeld immer wieder begegnen, uns eher an alte Prägungen erinnern und diese damit stärken oder uns zumindest nicht auf unserem neuen Weg unterstützen. Solche meiden wir, wann immer es geht. Diese Vorgehensweise bezeichne ich als *Weg der Ausrichtung*. Unsere ganze Aufmerksamkeit und Konzentration, unser Denken, Fühlen und Handeln, aber auch die Wahl der Menschen, Umstände und Situationen, denen wir uns aussetzen, die wir zulassen oder sogar suchen, richten wir an unseren neuen Zielen aus. Was diesen Weg der Ausrichtung so enorm wirksam macht, sind die energetischen Prozesse, die zwischen uns und unserem Umfeld ablaufen und allein durch die Wahrnehmung dieses Umfelds aktiviert werden, ohne dass wir bewusst irgendetwas dafür tun.

Meine Fähigkeit, die Welt auch außersinnlich wahrzunehmen und als sich ständig verändernde, aufeinander einwirkende Energiefelder zu begreifen, die sowohl durch ihre Qualität, als auch durch ihre Intensität Einfluss aufeinander nehmen, hat mir schon früh klargemacht, dass es überhaupt nicht gleichgültig ist, in welchem Haus wir wohnen, welche Menschen um uns herum sind, wie unser Mobiliar beschaffen ist oder welchen Filmen und Nachrichten wir uns aussetzen. Alles wirkt auf uns genauso, wie wir mit unserer Ausstrahlung auf unser Umfeld wirken. Und was auf uns wirkt, prägt unsere Energien und beeinflusst natürlich auch die Intensität der in uns verankerten oder zu verankernden Prägungen unterstützend oder hemmend. Alles, was in unserer Wirklichkeit existiert, strahlt Energien ab, besitzt also Wirkungskräfte von bestimmter Qualität und Intensität und wirkt entsprechend auf alles andere. Tiere, Pflanzen, Steine, Oberflächen, Materialien, Klänge, Rhythmen, Proportionen, Düfte, Geschmack, Farben, alles wirkt, und natürlich wirkt auch der Mensch mit seinen Gedanken, Gefühlen und Phantasien. Die Wirkungskräfte mit der größten Intensität haben den größten Einfluss auf uns und sind damit dominant. Aber auch viele weniger intensive, aber gleich gerichtete Wirkungskräfte haben in der Summe eine große Wirkung.

Wir leben ständig unter dem Einfluss irgendwelcher Wirkungskräfte und tauschen unsere Energien notgedrungen mit ihnen aus, bewusst oder unbewusst. Auf welche Weise sie uns prägen, bemerken wir aber nur selten, weil wir uns kaum Gedanken darüber machen. Wissen Sie, welche Farben Sie am besten bei Ihrer Arbeit unterstützen? Oder in welche Stimmung Sie durch Form, Farbe und Klang Ihres Autos versetzt werden? Oder was genau die Bettwäsche, in der Sie nachts schlafen, mit Ihrer Energie macht? Vieles beurteilen wir natürlich oberflächlich nach gewohnten Kriterien wie Geschmack oder Wertesystem, aber das ist nicht das Gleiche, wie die wirkenden Kräfte spüren und deuten zu können. Wenn wir einmal aufmerksam geworden sind, spüren wir allerdings recht schnell, wie was auf uns wirkt, und haben dann natürlich auch die Freiheit, uns bewusst gewissen Energien auszusetzen oder sie zu meiden. Und diese Freiheit sollten wir möglichst auch nutzen, wo immer dies möglich ist, wenn wir im Prozess der Neuprägung schneller vorankommen wollen. Je häufiger wir uns unterstützenden Wirkungskräften im Umfeld aussetzen, desto mehr Energie fließt in unsere neuen Prägungen.

Einige von Ihnen denken jetzt vielleicht, dass eine so bewusste Auswahl der Einflüsse aus dem Umfeld im Alltag nur sehr bedingt möglich ist und es doch vielleicht genügen würde, widrige Energien zu erkennen und sich dagegen abzugrenzen. Natürlich können wir uns von Energien abgrenzen, in unserer Stimmung bleiben, unsere Gedanken weiterdenken und konzentriert mit unseren jeweiligen Aktionen fortfahren. Aber auch das kostet Energie, die wir für unsere Prägung verloren haben. Oder wie lange können Sie zu Hause ein kompliziertes Buch lesen, wenn nebenan ein Handwerker lautstark bohrt, die Nachbarn unter Ihnen Streit haben, über Ihnen jemand Schlagzeug probt und draußen der Bagger vor dem Fenster auf und ab fährt. Eine Weile bestimmt, aber dann machen Sie erschöpft schlapp. Wie viel länger können Sie an einem herrlichen Sonntag bei Vogelgezwitscher mit einem kühlen Glas Limonade im Schatten sitzend lesen? Abgrenzen frisst Energie, die wir dringend für die Intensivierung unserer neuen Prägungen brauchen.

Auf dem Weg der Ausrichtung geht es also darum, das Umfeld im Einklang mit den neuen Inhalten auszusuchen, für die wir uns entschieden haben. Und während wir uns von den günstigen Wirkungskräften unterstützen lassen, versuchen wir gleichzeitig, bei den Gedanken und Gefühlen zu bleiben, die zu unseren Wünschen passen, und auch unser Handeln entsprechend auszurichten. Wir suchen uns die Orte, an denen wir uns aufhalten, bewusst aus oder gestalten sie passend um. Wir reduzieren den Austausch mit Menschen auf solche Personen, die ähnlich durchs Leben gehen wollen wie wir selbst. Unsere Wahrnehmung richten wir gezielt auf jene Aspekte des Lebens, die unseren angestrebten Zielen entsprechen und uns in unseren neuen Gedanken und Gefühlen unterstützen. Vielleicht bedeutet das, dass wir weniger Nachrichten hören, weniger Zeitung lesen, unsere Videos neu sortieren und das Kinoprogramm nach anderen Gesichtspunkten auswählen. Alles, was uns in Zweifel bringt oder in unerwünschte Stimmung, sollten wir entschieden meiden. Diese Ausrichtung gilt natürlich auch für unser Inneres, für unsere Gedanken, unsere Erinnerungen und das, worüber wir sprechen. Wir hören auf, unsere Wahrnehmung auf das zu richten, was wir los sein wollen, und konzentrieren uns auf die Visionen, die wir wahr werden lassen möchten. Wir reden nicht mehr über unsere Probleme oder die Probleme anderer und denken auch nicht mehr an sie, sondern beschäftigen uns mit Lösungen und konstruktiven Veränderungen. In diesem Zusammenhang wird es auch immer gleichgültiger, warum wir bestimmte Prägungen und ihnen entsprechende Probleme haben und wer sie wann und warum verursacht hat. Wesentlich sollte nur noch sein, wie wir sein wollen, wie unser Leben sein soll und welche Energien und äußeren Wirkungskräfte uns dorthin bringen können.

Wann immer wir uns mit unseren Problemen oder mit unserer Vergangenheit beschäftigen, verlieren wir Energie für die Zukunft.

Muss man die Vergangenheit verstehen, um Probleme lösen zu können?

Es ist überhaupt nicht gesagt, dass wir unsere Probleme leichter oder überhaupt lösen können, wenn wir verstehen, woher sie ursprünglich kamen. Die Prägungen aus unserer Vergangenheit sitzen in unserem Unterbewusstsein ähnlich tief fest, wie in Hypnosezuständen gegebene Befehle, die auch dann in uns wirken, wenn unser wachbewusstes Ich keinen Zugang dazu hat. Als Hypnosetherapeut habe ich aber die Erfahrung gemacht, dass hypnotisch eingegebene Informationen oder gar Befehle ganz leicht wirkungslos gemacht werden können, indem man Befehle oder Ideen, welche die alten Inhalte außer Kraft setzen, hypnotisch in die betreffende Person einfließen lässt. Um dies zu tun, muss ich nicht wissen, wer die Hypnose gesetzt hat, wann und warum. Ich muss lediglich erkennen, worin sie genau besteht und wie sie das Verhalten, Denken und Fühlen der Person beeinflusst. Und schon kann ich sie gezielt mit neuen Inhalten unwirksam werden lassen, wenn ich diese mit noch größerer Intensität eingebe, zum Beispiel durch eine größere Hypnosetiefe oder große Häufigkeit. In unserem Zusammenhang wird die größere Hypnosetiefe bei der Neuprägung ersetzt durch die Phase direkt vor dem Einschlafen, in der unsere Wahrnehmungsschwelle inaktiv ist. Und entsprechend der größeren Häufigkeit verwende ich das Doppelreizprinzip, bei dem die Inhalte ganz ähnlich wie bei einer Hypnose direkt an der Wahrnehmungsschwelle vorbei ins Unterbewusstsein fließen können.

Alte Prägungen können genauso wenig aus unserem Bewusstsein gelöscht werden wie einmal eingegebene Hypnoseinhalte, aber sie werden inaktiv und sind damit unwirksam und quasi gelöscht, wenn wir die Energie dort herausnehmen und sie in neue Prägungen fließen lassen. Unsere geistige Energie folgt unserer Aufmerksamkeit! Werden die neuen Prägungen intensiv genug gepflegt und durch äußere Handlungen und entsprechende Wirkungsenergien unterstützt und gestärkt, sind die alten irgendwann inaktiv. Unsere Aufmerksamkeit sollte also immer in der Gegenwart sein und bei dem, was uns die Zukunft bringen soll. Das analytische Erforschen der Vergangenheit mit dem Ziel, die Entstehungsgeschichte unserer Prägungen und der damit verbundenen Probleme zu verstehen, ist nicht nur überflüssig, sondern bringt sogar eindeutige Nachteile für die kraftvolle Umgestaltung unseres Lebens mit sich. Da wir unsere Probleme analytisch verstehen wollen, suchen wir bevorzugt nach problematischen, negativen Aspekten, die zu ihrer Entstehung geführt haben könnten. Und damit entsteht eine sehr einseitige, negativ belastete Vergangenheitssicht, die es uns immer schwerer macht, in der Gegenwart konstruktive Gefühle, Gedanken und Handlungsweisen zu entwickeln – ganz frei von Wut und Vorwürfen, wie sie in einer typischen Opferhaltung entstehen. Außerdem wird durch die Suche nach Ursachen und Zusammenhängen mehr und mehr ein Gefühl der Abhängigkeit von der erlebten Vergangenheit aufgebaut, die ja schuld zu sein scheint an all unseren Problemen. Der Eindruck, vollkommen von außen geprägt und fremdbestimmt worden zu sein, wird immer stärker, und im gleichen Maße nimmt die innere Bereitschaft ab, die Vergangenheit ganz loszulassen, alle Impulse aus dieser Zeit zu ignorieren und das Leben in der Gegenwart kraftvoll neu zu prägen. Das Gefühl, früher Opfer gewesen und immer noch Opfer zu sein, macht sich breit, Selbstmitleid entsteht und oft auch Resignation, die wiederum an der Motivation nagt, das Leben in der Gegenwart selbstständig und frei zu gestalten. Wer die Vergangenheit als Verursacher der Gegenwart betrachtet, hat außerdem oft den Eindruck, dass die Gefühle, Gedanken und Verhaltensmuster, die in der Vergangenheit geprägt wurden, nicht eigentlich Prägungen sind, sondern vielmehr feste Bestandteile von uns selbst. »Ich bin eben so. Ich kann nicht anders.« Diese typischen Aussagen deuten darauf hin, wie sehr man sich tendenziell mit der persönlich erlebten Geschichte identifiziert. Wir haben dann nicht Gedanken und Gefühle, sondern sind ebendiese, in der Vergangenheit erlebten

Gefühle und Gedanken. Deshalb ist es für viele Menschen auch so schwierig, ihre Gedanken und Gefühle in der Vorstellung gegen andere auszutauschen, denn diese Gedanken und Gefühle sind ein Teil dieser Menschen, den sie weder ignorieren noch hergeben wollen aus Angst, dann könnte ihnen etwas fehlen. In Wirklichkeit sind wir in der Gegenwart völlig frei und können auf jede Wahrnehmung mit einem beliebigen Gefühl reagieren, wenn wir dies wollen und wieder gelernt haben.

Wie wahr dies ist, habe ich ebenfalls in meiner Zeit als Hypnosetherapeut herausgefunden. Ich konnte Menschen in einen hypnotischen Zustand versetzen und sie dann mit Hilfe von Bildern oder Phantasien durch eine Reihe ganz unterschiedlicher Gefühle führen oder ihnen nach etwas gemeinsamem Üben Gefühle sogar direkt vorgeben. Sie fühlten sich so, wie ich es ihnen sagte: unabhängig von ihrer Geschichte und auch unabhängig von dem Zimmer und den räumlichen Gegebenheiten dort. Gefühle und Gedanken können also beliebig dadurch erzeugt werden, dass ich sie einfach abrufe, weil ich sie früher schon einmal kennengelernt habe, oder indem ich sie durch entsprechende Phantasien in mir entstehen lasse. Wir können sie uns vorstellen wie Brücken, die wir zu unserer Wahrnehmung schlagen beziehungsweise zu dem, was wir wahrnehmen. Oder anders ausgedrückt: Die Gefühlsbrücke setzt uns in einen bestimmten Bezug zu dem, was wir wahrnehmen. Wie wir diese Brücke schlagen, ist grundsätzlich beliebig, und das ist das Geheimnis unseres freien Willens: Wir können zu jeder Wahrnehmung ein beliebiges Gefühl entwickeln. Die meisten von uns schlagen diese Brücken allerdings automatisch entsprechend ihrer alten Prägungen und identifizieren sich immer mit den gleichen Gefühlsbrücken, bis sie irgendwann glauben, diese Brücken seien feste Teile ihrer selbst und Wahrnehmung, Erleben und Gefühle seien fest aneinandergekoppelt.

Die Wahrheit ist jedoch, dass wir diese Brücken jederzeit beliebig schlagen können, wenn wir uns dessen bewusst sind. Wir sind eben nicht unsere Geschichte. Egal, wie das Leben ist, und egal, was wir wahrnehmen, wir können uns fühlen, wie wir wollen. Auf dem Weg der Ausrichtung achten wir darauf, dass wir nur Gefühlsbrücken schlagen, beziehungsweise Gefühle entwickeln, die unseren neuen Zielen und Visionen entsprechen – Gefühlsbrücken zu unserer Vergangenheit, beziehungsweise unseren Erinnerungen daran, zu den Wahrnehmungen in der Gegenwart und zu unserer Zukunft und unseren Erwartungen an sie. Der Weg der Ausrichtung ist ein Weg der bewussten Entscheidung in der Gegenwart für die Gegenwart und für die Zukunft.

Von Egozentrikern und Vampiren

Unsere Welt ist sehr vielfältig. Nahezu alles existiert in irgendeiner Erscheinungsform und in vielen verschiedenen Extremen. Wenn wir einmal eine bestimmte Betrachtungsweise oder, treffender, Wahrnehmungshypnose von der Wirklichkeit haben, werden wir sie automatisch immer wieder anwenden und auch im Außen bestätigt finden, weil wir die anderen Aspekte der Wirklichkeit einfach ausblenden. Doch mit dem, was wir in uns bestätigen und woran wir glauben, prägen wir auch unsere Ausstrahlung und entsprechend unser Leben, das uns dann immer wieder aufs Neue prägt und bestätigt. Was wir als Wirklichkeit erfahren, macht nur den Teil der Wirklichkeit aus, den wir aufgrund unseres Wahrnehmungsfilters erfassen können. Der Rest der Wirklichkeit entgeht uns genauso wie unser Wesen. Erst mit der entsprechenden Freiheit in der Wahrnehmung und in unseren Gedanken und Gefühlen können wir eine breitere und tiefere Wirklichkeit sehen. Und angesichts dieser breiten Vielfalt der vorhandenen und oftmals sehr unterschiedlichen Wirklichkeitsaspekte, sollten wir unsere Aufmerksamkeit nur auf die Aspekte richten, die uns zu entsprechen scheinen und unser Herz berühren – sowohl in der Phantasie als auch im Außen. Wir sollten uns also sowohl im Außen ganz sorgfältig die Aspekte aussuchen, die unseren neuen Visionen und Zielen entsprechen, als auch in uns selbst in Form der richtigen Gedanken und Gefühle.

Diese entschiedene Ausrichtung stärkt nicht nur die Inhalte, die wir unserem unterbewussten See neu eingeprägt haben, sondern beginnt auch unser Umfeld direkt zu verändern. Je mehr äußere Zeichen wir setzen und je konsequenter wir schon jetzt beginnen, das zu tun, was wir später souverän, leicht und dauerhaft erleben und tun wollen, desto intensiver richten wir unsere geistigen Energien aus. Schon jetzt über das zu reden, was später zu uns gehören soll, macht es uns selbstverständlich und bringt uns in Resonanz damit. Schon jetzt ein großzügiges Trinkgeld zu geben, auch wenn es noch ein bisschen dauert, bis wir so wohlhabend sind, wie wir es uns einprägen, macht es uns leichter, uns dorthin zu entwickeln. Das Gegenteil von dem zu tun, was wir später erreichen wollen, erzeugt Widerspruch und Zweifel. Wenn wir uns jetzt geizig und erfolglos verhalten, tun wir natürlich alles andere, als die Prägung von Reichtum und Großzügigkeit zu unterstützen.

In Selbsthilfegruppen zu gehen und sich dort mit Problemen zu beschäftigen, gibt mir vielleicht das Gefühl, nicht allein zu sein und verstanden zu werden, aber meine Prägung von Freiheit und Erfolg wird dadurch eher geschwächt. Dieses Auswahlverfahren durchzuhalten und sich immer wieder eindeutig und mit Nachdruck für sich und seine Ziele zu entscheiden, ist allerdings nicht so einfach, vor allem dann nicht, wenn wir es anders gewohnt waren und das Umfeld ganz andere Erwartungen an uns hat. Wir müssen zu Egozentrikern werden, die aus sich heraus all das leben und schaffen, wonach sie streben, unabhängig von der Vergangenheit und davon, was andere Menschen von uns denken könnten. Egozentriker leben für sich, ganz frei und ordnen sich üblichen Strukturen gesellschaftlicher, ethischer, moralischer, religiöser oder sonstiger Natur nicht unter. Sie stehen zu ihrer Individualität und erfüllen die Erwartungen anderer Menschen nicht oder nur, wenn sie dies wirklich möchten. Sie selbst haben auch keine Erwartungen an andere, sondern gehen ihren Weg eher als autarke Einzelgänger.

Menschen, die in unserem Sinne nach Freiheit streben, werden oft als Egoisten bezeichnet, aber meist von den Menschen, die sich nur sehr mäßig zum Ausdruck bringen, meist als Opfer fühlen und dafür auch noch andern die Schuld geben. Die schädliche Verbindung zwischen Menschen, die sich selbst keine Freiheit mehr gönnen, weil sie Angst haben, allein unterzugehen, bezeichne ich als Vampirismus.

Jeder Mensch, der schon als Kind lernt, dass er sich selbst nicht zum Ausdruck bringen darf, sondern die Erwartungen des Umfeldes erfüllen, Leistung bringen und seine Rolle spielen muss, oder auch, dass er unfähig ist, aus eigener Kraft ein gutes und erfolgreiches Leben zu führen, verliert den Kontakt zu seinem Wesen und zu seiner inneren Kraft und entwickelt dadurch die Tendenz, sich an andere Menschen anzuhängen und sich vampirisch zu verhalten.

Ich finde den Begriff vampirisch in diesem Zusammenhang so passend, weil sich Menschen mit solchen Prägungen tatsächlich vampirisch zu verhalten beginnen. Den alten Überlieferungen zufolge soll ein Vampir ein Geschöpf der Nacht sein, das vom Blut anderer Menschen lebt, beziehungsweise leben muss, um sich nicht aufzulösen. Er hält das direkte Sonnenlicht nicht aus und strahlt selbst kein Licht aus. Er hat kein Spiegelbild. Um einen Menschen dazu zu bringen, sich von ihm beißen zu lassen, umgarnt er diesen, erweckt seine Gefühle und macht ihn im Nu so von sich abhängig, dass er sich schließlich freiwillig aussaugen lässt. Seine Opfer werden in der Regel, nachdem sie dreimal gebissen wurden, selbst zum Vampir und müssen sich ihre Existenz dadurch sichern, dass sie danach andere Menschen aussaugen und so weitere Vampire erschaffen. Ein Vampir kann nur endgültig sterben, wenn man ihm einen Pfahl ins Herz treibt.

Seit alters her steht das Blut eines Lebewesens für dessen Lebenskraft. Wenn ein Mensch also zum Vampir wird, bedeutet dies, dass er keine eigene Lebenskraft mehr besitzt und sich seine Energien woanders holen muss. In unserem Zusammenhang könnte man einen Menschen als Vampir bezeichnen, der durch ungünstige Prägungen den Kontakt zu seinem Wesen und damit zu seinen Persönlichkeitsenergien verloren hat. Er besitzt keine eigene Lebensmotivation und Kraft mehr, weil er sich an fremden Vorbildern orientiert und seine eigenen Wünsche und Fähigkeiten nicht mehr spürt. Sein Dasein wird mehr und mehr unwesentlich, ohne Intensität und Leben. Und da er dies spürt, aber auch noch nicht bereit ist zu sterben, hängt er sich an andere Menschen und versucht, von ihnen die Gefühle und die Intensität zu bekommen, die er sich selbst nicht mehr geben kann. Vampirische Menschen führen meist schon seit langer Zeit eine Art Schattendasein. Eigentlich sind sie sehr sensible und ursprünglich auch liebenswerte Menschen, die sich nur entsprechend leicht unter Druck setzen oder verunsichern lassen. Indem sie sich an fremden Vorbildern orientieren und fremde Erwartungen zu erfüllen versuchen, verlieren sie so viel Energie, dass sie irgendwann versuchen müssen, Energie von anderen Menschen abzuziehen, wenn sie nicht psychisch oder physisch krank werden wollen. Meist schaffen sie es, andere auf ihre Seite zu ziehen, indem sie ganz viel für sie tun, und zwar so lange und so intensiv, bis das jeweilige Gegenüber sich verpflichtet fühlt, ihnen alles zurückzugeben: Anerkennung, Aufmerksamkeit, Hilfestellung, Lob, Freude, Geschenke, Zärtlichkeit und die vielen anderen Dinge, die Menschen mögen und suchen. Ein Vampir gibt viel, bevor er anfängt zu nehmen. Und genau aus diesem Grund ist es so schwierig, sich gegen ihn abzugrenzen. Er hat irgendwann so viel gegeben, dass man sich ihm gegenüber einfach verpflichtet fühlt und Schuldgefühle entwickelt, wenn man seine Erwartungen nicht erfüllt.

Lassen Sie mich ein Beispiel geben. Stellen Sie sich vor, ein Mädchen ist vor vielleicht vierzig Jahren traditionell erzogen worden. Sie hat gelernt, die natürliche Rolle einer Frau bestehe darin, sich um eine Familie zu kümmern, einen Mann und Kinder zu haben und ein schönes Zuhause zu schaffen. Alles andere sei nicht so wichtig. Mit dieser Prägung wird sie groß. Niemals erforscht sie ihr eigenes Wesen, ihre Sehnsüchte und Fähigkeiten, sondern richtet alles auf die Erfüllung dieser Prägung aus. Die Inhalte der Prägung werden unterstützt durch passende Informationen aus allen möglichen Quellen, die sie natürlich entsprechend anzieht. All das führt dazu, dass sie ihre Sichtweisen nie hinterfragen muss. Irgendwann sorgt ihre Ausstrahlung für die Verwirklichung ihrer Prägung: Sie widmet sich ganz ihrem Partner und den Kindern, und zwar so ausgiebig, dass sie sich irgendwann gar nicht mehr als individuelle Person empfindet, sondern nur noch als Partnerin und Mutter mit entsprechenden Aufgaben und Fähigkeiten. Ihre ganze Lebensqualität ist davon abhängig, dass sie durch ihren Mann und die Kinder Intensität erfährt. Doch irgendwann sind die Kinder älter geworden, wollen sich selbstständig machen – und bekommen dann Sprüche zu hören wie: »Du kannst doch nicht immer weggehen und mich allein lassen, wenn schon dein Vater nie Zeit hat. Ich war ja schließlich auch immer für dich da« oder »Warum erzählst du mir nichts, hast du kein Vertrauen mehr« oder »Du musst doch nicht immer ausgehen, wir können es doch auch zu Hause schön haben« oder »Dass du auch mal anrufst, wurde aber auch Zeit«. Und wenn die Kinder nicht wie erwartet reagieren, sondern sich abgrenzen, fühlt sich die Mutter enorm verletzt und gekränkt. Die Kinder haben ihr quasi den Pfahl ins Herz getrieben, um zu verhindern, dass sie vom Vampirismus angesteckt werden und ihre eigenen Sehnsüchte mehr und mehr zurückstellen, bis sie irgendwann auch den Kontakt zu ihrem Wesen verloren haben und zum Vampir geworden sind.

Wird ein Vampir in dieser Form im Herzen verletzt, sucht er sich ein neues Opfer. Die Mutter aus unserem Beispiel könnte sich jetzt bei ihrem Partner über die Kinder beklagen und ihn dazu bringen, sich ihr mehr zu widmen. Und wenn der Partner ihr ebenfalls einen Pfahl ins Herz treibt, weil er die Kinder unterstützt und sie enttäuscht, könnte sie sich noch ein anderes Opfer suchen, zum Beispiel die Nachbarin, die sie dann regelmäßig zum Tee einlädt, um einen auf Mitleid zu machen und Verständnis und Mitgefühl zu bekommen. Es kann aber auch sein, dass sie anfängt, sich als Opfer zu begreifen, ihre Abhängigkeit zu durchschauen und genügend Motivation aufzubauen, um ihr Leben aus eigener Kraft wesentlich und intensiv zu gestalten. Das wäre natürlich die beste Lösung, denn ein vampirischer Mensch, der keine Opfer mehr findet und es auch nicht schafft, seinen eigenen Wesensenergien irgendwann Ausdruck zu verleihen, wird früher oder später aus Energiemangel die ersten Krankheitssymptome entwickeln. Wenn er sich dessen bewusst wird und den Zusammenhang versteht, können ihm solche Krankheiten die notwendige Motivation zur Veränderung geben. Wenn nicht, werden sich noch weitere Krankheiten einstellen.

Das eigentliche Problem eines Vampirs ist, dass er glaubt, von anderen Menschen abhängig zu sein. Jeder Mensch, der Erwartungen an andere Menschen hat und verletzt oder gekränkt, wütend oder zumindest irritiert reagiert, wenn diese nicht erfüllt werden, hat bereits vampirische Züge – und das trifft bei genauerer Betrachtung auf die meisten Menschen zu. Aber solange wir uns von den Erwartungen anderer aussaugen lassen oder gar selbst andere Menschen aussaugen oder unter Druck setzen, sind wir niemals frei und können auch unser Wesen nicht wirklich spüren, geschweige denn zum Ausdruck bringen. Und solange wir uns vampirisch verhalten, ziehen wir natürlich auch Vampire in unser Leben.

Ein Egozentriker ist das genaue Gegenteil eines Vampirs. Er schafft alles aus eigener Kraft, meidet Abhängigkeiten und Verwicklungen und widmet sich anderen

Menschen nur dann, wenn er es wirklich will, und ohne jede Erwartung. Er lebt sein Wesen und strahlt mit seiner selbstverständlich gelebten Energie wie eine Sonne. Ein vampirischer Mensch hält einen Egozentriker nicht aus, denn ihm erscheint er lieblos, unzugänglich, hart und natürlich völlig immun gegen jede Art des Aussaugens, kurz: bedrohlich. Ein Vampir flüchtet, wenn sich ein egozentrischer Mensch nähert. Dagegen zieht der Egozentriker gleich gesinnte Freigeister magisch an. Solche Freigeister bedrängen einander nicht mit Erwartungen, sondern treffen freiwillige Vereinbarungen – offen, klar und ohne jeden Druck – und schaffen damit Möglichkeiten. Wenn wir den Weg der Ausrichtung gehen und die zu uns passenden Umstände und Menschen anziehen wollen, müssen wir ganz sicher sein, dass wir unser Umfeld nicht vampirisch beeinflussen und uns auch selbst nicht von Vampiren manipulieren und unter Druck setzen lassen.

Übung: Bin ich ein Vampir?

Die folgenden Fragen können Ihnen helfen herauszufinden, ob Sie noch vampirische Züge haben und wo und wie Sie noch freier werden könnten, um entsprechend mehr Freiheit in Ihr Leben zu ziehen.

- Neige ich dazu, die Erwartungen anderer Menschen zu erfüllen?
- Lasse ich mich davon beeinflussen, wie andere Menschen auf mich reagieren? Lasse ich mir Schuldgefühle machen oder mich unter Druck setzen?
- Habe ich selbst Erwartungen an andere Menschen und bin ich gekränkt, verletzt oder ärgerlich, wenn sie sich

anders verhalten, als ich es gerne hätte – mir oder auch anderen gegenüber?
- Glaube ich andere Menschen zu brauchen, zum Beispiel meinen Partner, damit ich mich wohl und sicher fühle oder schöner und mit mehr Lebensqualität leben kann?
- Ändert sich meine Stimmung schnell, wenn andere Menschen in der Nähe sind und auf mich einwirken?

Beantworten Sie diese Fragen so ehrlich wie möglich und beobachten Sie sich den ganzen Tag über mit diesen Fragen im Kopf. Sollten Sie noch vampirische Züge an sich selbst entdecken, sind Sie noch zu wenig egozentrisch und bringen Ihr Wesen und Ihre Persönlichkeitsenergien noch zu wenig zum Ausdruck.

Egozentrisch zu leben bedeutet, sich selbst zu genügen und niemanden zu brauchen. Wer nur freiwillige Vereinbarungen trifft und einseitige Erwartungen grundsätzlich nicht erfüllt, wer andere Menschen lieben kann ohne sie zu brauchen, kann nicht mehr kontrolliert und manipuliert werden. Er ist natürlich auch nur beliebt bei Menschen, die ähnlich ausdrucksstark und egozentrisch sind, während Vampire sich von seiner Lebensweise bedroht fühlen und ihn meiden. Wenn wir uns für eine souveräne, egozentrische Lebensweise entscheiden, werden wir mit drastischen Reaktionen aus unserem Umfeld konfrontiert werden, das unsere Veränderung nicht hinnehmen will – natürlich deshalb, weil dort noch viele Vampire lauern, die um ihre Opfer bangen.

Die erste Reaktion des Umfelds ist harmlose Verwunderung darüber, dass wir uns plötzlich so merkwürdig verhalten und nicht mehr so zugänglich sind wie sonst. Man übt Druck auf uns aus, versucht Schuldgefühle oder Mitleid in uns zu erwecken oder uns mit Wutausbrüchen zur »Vernunft« zu bringen. Wenn das alles nichts hilft, weil wir nicht darauf reagieren, sondern unseren Weg unbeirrbar weitergehen, werden die vampirischen Personen in unserem Umfeld uns isolieren, den Kontakt zu uns abbrechen und uns kaltstellen, weil sie hoffen, dass wir uns auf die alten Qualitäten besinnen und wieder aufgenommen werden wollen in die alte Vampirgruppe, in der sich doch alle brauchten und jeder für jeden da war. Und wenn uns nichts zur Umkehr bewegt und es außerdem offensichtlich ist, dass es uns immer besser dabei geht, werden einige der alten Vampire sich uns anschließen und behaupten, dass sie diese Lebensweise auch schon immer gut gefunden hätten. Die anderen werden uns jetzt völlig aufgeben und sich neue Partner im vampirischen Spiel suchen – natürlich nicht, ohne uns völlig niederzumachen und als rücksichtslose Egoisten zu bezeichnen.

Der Prozess der Neuprägung

Die innere Entschiedenheit, mit der wir diesen Weg der Ausrichtung gehen, bestimmt darüber, wie lange es dauert, bis die Neuprägung unseres unterbewussten Sees abgeschlossen ist und die Umgestaltung unserer äußeren Lebensumstände folgen kann. Die erfolgreiche Neuprägung vollzieht sich allerdings nicht etwa in einer steil nach oben gerichteten Entwicklungskurve, sondern eher in so etwas wie einer Schlangenlinie mit rhythmisch wiederkehrenden »Beulen« nach oben und unten.

Jede Neuprägung, die wir in unseren unterbewussten See einfließen lassen, bewirkt zwar sofort eine Veränderung, aber diese ist zunächst nicht als deutliche Veränderung in unseren Gedanken und Gefühlen wahrnehmbar.

Die Energieintensität muss erst groß genug sein, damit sich die Veränderung in neuen Verhaltensweisen oder auch einer anderen Grundstimmung zeigen kann – dann allerdings meist recht plötzlich. Doch selbst wenn die ersten Veränderungen klar zu beobachten sind, gibt es immer wieder Phasen, in denen uns die alten Energien wieder einholen, weil die neuen noch nicht ausreichend gefestigt sind. Normalerweise verläuft die Veränderungskurve hin zu einer völligen Neuprägung unserer unbewussten Inhalte etwa so:

- Zu Beginn der Neuprogrammierung können Sie überhaupt keine Veränderungen wahrnehmen.
- Wenn Sie dann hartnäckig mit dem Prägen fortfahren, auch wenn Sie nicht wirklich sicher sein kön-

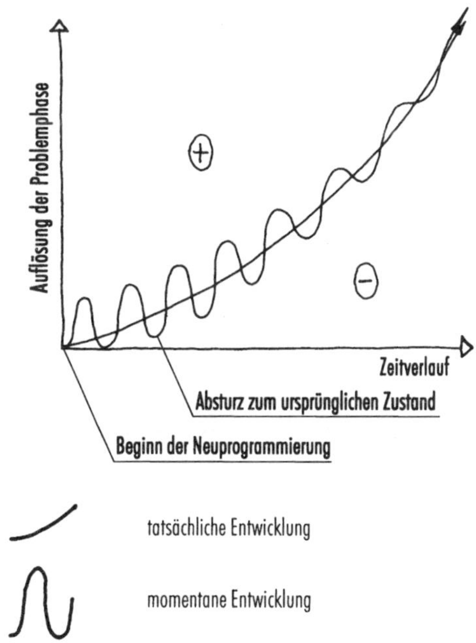

Neuprägung des unterbewussten Sees: Auflösung alter Prägungen, Verankerung neuer Inhalte als Entwicklungsverlauf

nen, dass Ihre Bemühungen irgendwann von Erfolg gekrönt sein werden, stellen sich plötzlich die ersten Erfolge ein. Die erwünschten Veränderungen werden sichtbar.

- Doch kaum freuen Sie sich darüber, stürzen Sie wieder in Ihre alten Prägungen ab.
- Sie arbeiten weiter. Ein neues Hoch kommt, dann wieder ein Absturz, dann wieder ein Hoch und so fort.
- Wenn Sie immer hartnäckig am Ball bleiben und konsequent mit dem Prägen fortfahren, werden Sie nach einiger Zeit rückblickend feststellen, dass es zwar Höhen und Tiefen gab, aber dass die Höhen schon über längere Zeit immer höher geworden sind und die Tiefen immer weniger tief, dass also die ganze Zeit eine konsequente Aufwärtsentwicklung stattgefunden hat, die Sie nur nicht direkt wahrnehmen konnten, weil Sie mittendrin steckten und zu wenig Abstand dazu hatten.

Auf dem Weg der Ausrichtung braucht es eine klare Entscheidung für die Freiheit, viel Wachsamkeit und Mut und vor allem auch dann Ausdauer, wenn noch keine deutlichen Entwicklungen nach vorn erkennbar sind und sich gelegentlich wieder Zweifel einschleichen, ob dieser Weg überhaupt zum Ziel führen kann. Sie werden immer mal wieder Hemmungen haben, sich völlig klar zum Ausdruck zu bringen und entsprechend sicher aufzutreten. Gewohnte Verhaltensmuster werden wieder durchbrechen und versuchen, Sie im Umgang mit anderen Menschen, vor allem mit Eltern, Freunden oder dem Partner, kompromissbereit zu machen. Bleiben Sie in diesen Phasen bewusst auf Ihrem Weg, egal, wie das in Ihrem Umfeld ankommt. Setzen Sie sich das Ziel, frei zu werden

und wesentlich zu leben, immer wieder und entscheiden Sie sich immer wieder neu dafür.
Ich möchte Ihnen jetzt noch eine meditative Übung vorschlagen, die alte Blockaden und Zweifel an Ihrem Selbstausdruck aufzulösen beginnt und Sie tief in Ihrem Inneren wieder daran erinnert, dass Sie ein Wesen haben voller Sehnsüchte, Bedürfnisse und Fähigkeiten, die in Ihrem Leben zum Ausdruck kommen wollen. Sie bekommen wieder neuen Mut, zu sich selbst zu stehen, sich selbst zu erforschen und zu leben und so wahres Selbstbewusstsein zu entwickeln. Sie werden großzügig und tolerant sich selbst und auch anderen Menschen gegenüber, und zwar umso mehr, je mehr Sie Ihr eigenes Wesen spüren und leben. Statt sich wie ein Vampir an andere Menschen zu hängen und sie für Ihre eigenen Zwecke zu missbrauchen, wie Sie es früher vielleicht ansatzweise getan haben, können Sie andere jetzt liebevoll betrachten und so sein lassen, wie sie eben sind, in dem Bewusstsein, sie nicht mehr zu brauchen, um selbst ein gutes Leben führen zu können.

Meditation – Selbstausdruck

Atme langsam tief ein und aus und schließe die Augen.
Atme weiter tief ein und aus, und während du langsam weiteratmest, lass immer mehr los, lass dich treiben.
Der Körper darf jetzt schlafen gehen, deine Gedanken und deine Wahrnehmung werden wach bleiben.
Die Muskeln und Nerven in deinem Unterkiefer entspannen sich, lassen los.
Deine Stirn entspannt sich ... die Muskeln und Nerven in deiner Stirn entspannen sich, lassen los.

Deine Wangen entspannen sich ... die Muskeln und Nerven in deinen Wangen entspannen sich, lassen los.
Deine Augen entspannen sich ... die Muskeln und Nerven in beiden Augen entspannen sich, lassen los. Deine Augen werden klar und entspannt.
Die Kopfhaut entspannt sich ... die Muskeln und Nerven der Kopfhaut entspannen sich, lassen los.
Die Entspannung sinkt tief hinein in den Kopf, tief hinein in die Mitte des Kopfes. Der Kopf wird klar, frei und leicht, ganz entspannt.
Die Entspannung sinkt hinein in den Hals, den Nacken, die Schultern, hinein in die Arme und die Hände. Alle Muskeln und Nerven dort entspannen sich, lassen los.
Die Entspannung fließt hinein in die Hüften, die Beine und die Füße. Alle Muskeln und Nerven dort entspannen sich, lassen los.
Die Entspannung fließt hinein in den Rücken, in die Wirbelsäule. Alle Muskeln und Nerven dort entspannen sich, lassen los.
In diesem Zustand lösen sich deine Gedanken und Gefühle vom Körper. Dein Bewusstsein wird frei und geht eigene Wege. Und dein Körper kann sich jetzt tief entspannen und heilen.

Jetzt sage leise in Gedanken zu dir selbst und empfinde, wenn du möchtest: »Ich weiß tief in meinem Innern: Meine Gedanken, meine Gefühle, meine inneren Bilder bestimmen mein Leben, meinen Körper und meine persönliche Lebenserfahrung. Ich möchte deshalb lernen, sie so bewusst zu gestalten, wie ich es möchte und wie es gut für mich ist.«

Jetzt ist es an der Zeit, für die Dauer dieser Übung alle Gedanken und Gefühle, die dich beschäftigen, loszulassen. Lass sie einfach wegtreiben und werde still.

Du erreichst einen Zustand tiefer Entspannung. Deine Gedanken und Gefühle sind still und klar und haben große schöpferische Kraft. Die Ebenen deines Bewusstseins liegen frei zugänglich vor dir und können genutzt werden.
Eine erfolgreiche und freie Lebensgestaltung ist nur dann möglich, wenn du deine Grundpersönlichkeit spürst und selbstverständlich zum Ausdruck bringst. Je mehr du deine Wünsche, Bedürfnisse und Fähigkeiten lebst, desto mehr Motivation und Befriedigung wirst du empfinden. Dein individueller Lebensstil wird sich natürlich entwickeln. Er wird dich frei machen und anderen Menschen gegenüber tolerant werden lassen. Er wird dir helfen, den Partner anzuziehen, der zu dir und zu deiner Bestimmung passt und der dich auf deinem Lebensweg inspiriert und unterstützt.
Diese Übung hilft dir, dich selbst wahrzunehmen und bewusst auszudrücken. In diesem Selbstausdruck wirst du dich selbst erkennen und wirkliches Selbstbewusstsein erfahren.

Jetzt sage in Gedanken zu dir selbst, fühle und empfinde: »Ich bin frei, ich selbst zu sein und andere sie selbst sein zu lassen. Ich bin frei, ich selbst zu sein und andere sie selbst sein zu lassen.
Ich werde mir meiner Gedanken, meiner Gefühle und meiner Reaktionen in den Rollen, die ich spiele, mehr und mehr bewusst. Ich verstehe, warum ich diese Gefühle, diese Gedanken und diese Reaktionen zeige, und ich weiß, dass ich die Freiheit habe, mich bewusst für oder gegen sie zu entscheiden. Ich achte mehr und mehr auf meine Gedanken, meine Gefühle und meine Reaktionen auf mein Umfeld und beginne sie bewusst zu lenken, sodass sie mir Energie geben und ich mich in ihnen lebendig fühle.
Ich nehme die Gedanken und Gefühle, die meinem Wesen entsprechen, immer bewusster wahr und erkenne dadurch

meine innersten Wünsche und Bedürfnisse, meine Fähigkeiten und Eigenheiten.
Ich spüre meine innersten Wünsche, Bedürfnisse und Fähigkeiten mehr und mehr und möchte sie auch zum Ausdruck bringen. Ich spüre meine Wünsche, meine Bedürfnisse und meine Fähigkeiten mehr und mehr und möchte sie bewusst zum Ausdruck bringen.

In diesem Selbstbewusstsein nehme ich mich so an, wie ich bin, und drücke mich entsprechend aus. Ich nehme mich so an, wie ich bin, und drücke mich entsprechend aus.
Indem ich mich selbst so annehme und ausdrücke, wie ich bin, stärke ich mein Selbstbewusstsein. In diesem Selbstbewusstsein kann ich auch die anderen so lassen, wie sie sind, und ihnen die Freiheit geben, sie selbst zu sein und sich auszudrücken. Ich bin frei, und sie sind frei, sie selbst zu sein und sich selbst zu leben.
Mit meinem Selbstbewusstsein kann ich mich selbst liebevoll so lassen, wie ich bin, und ich kann auch die anderen liebevoll lassen, wie sie sind. Ich bin selbstbewusst und kann die anderen in ihrem eigenen Ausdruck liebevoll lassen.
Indem ich mich selbst ausdrücke, spüre ich mich selbst. In meinem Selbstausdruck bin ich selbstbewusst und spüre meinen persönlichen Lebenssinn.
Indem ich ich selbst bin und mich selbst ausdrücke, ziehe ich die Umstände, die Menschen und die persönliche Wirklichkeit an, die zu mir passen und die meinem Lebenssinn entsprechen. Indem ich mich selbst ausdrücke, ziehe ich die Umstände, die Menschen und die Wirklichkeit an, die zu mir und zu meinem Lebenssinn passen.

Ich bin frei, ich selbst zu sein, mich auszudrücken und mich liebevoll zu lassen, wie ich auch frei bin, die anderen liebevoll zu lassen und zuzulassen, dass sie sich so ausdrücken, wie sie sind und wie es ihnen entspricht. Ich bin frei, sie wertfrei und liebevoll zu lassen.

Ich bin frei, ich selbst zu sein, mich auszudrücken, meinen eigenen Lebenssinn zu erfüllen und mich selbst liebevoll zu lassen. Ich bin frei, die anderen liebevoll zu lassen, so dass auch sie ihren eigenen Lebenssinn finden und ausdrücken können. Ich bin frei.«

Ruh dich in diesem Bewusstsein aus. Lass diese Ideen, diese Absicht in dir wirken und lebendig werden. Lass sie dein Leben bestimmen, damit du ganz frei du selbst sein kannst.

Jetzt ist es Zeit zurückzukehren in den normalen wachbewussten Zustand. Komm mehr und mehr zurück in die Wachheit und beginne langsam, dein Umfeld wieder wahrzunehmen, deine Gedanken und Gefühle.
Du bist nun wieder wach und frisch, und dein Körper fühlt sich ausgeruht und erholt an.
Öffne die Augen.

Diese Übung sollten Sie zu Beginn möglichst drei Wochen lang täglich machen, am besten abends, damit Sie möglichst schnell zu Ihrem selbstverständlichen Ausdruck finden und sich selbst so leben und darstellen können, wie es Ihnen entspricht – an jedem Ort, zu jeder Zeit, unter allen Umständen und gleichgültig, welche Personen anwesend sein mögen und was diese vielleicht von Ihnen halten.

Solange wir in unseren Gefühlen und unserem Verhalten auf äußere Impulse reagieren, sind wir nicht wirklich frei. Wir lassen zu, dass unser Umfeld unsere geistigen

Energien verändert, mit denen wir unser Leben und unsere Zukunft prägen wollten. Wir machen uns quasi zum Spielball des Umfelds und ziehen nicht das in unser Leben, was wir eigentlich wollen, sondern eher das, was zu den gefühlsmäßigen und gedanklichen Reaktionen und Verhaltensweisen passt, zu denen wir uns reaktiv haben hinreißen lassen. Wenn wir verhindern wollen, dass unsere Reaktionsbereitschaft unsere Ausstrahlung und damit auch unsere Lebensumstände bestimmt, müssen wir unbedingt lernen, unsere Gefühle und Gedanken bewusst zu kontrollieren und sie von jeglicher automatischen Reaktionsbereitschaft zu befreien. Wenn wir unser Leben wirklich frei und gezielt gestalten wollen, müssen wir lernen, unsere prägenden Energien aktiv zu gebrauchen und nicht reaktiv. Unser Ziel ist natürlich nicht, keine Gefühle mehr zu haben, sondern vielmehr, nur die Gefühle in uns zu bewegen, die unser Leben gestalten sollen und die dem entsprechen, was wir uns wünschen. Ein Meister der Gefühle zu sein bedeutet, innerlich unabhängig zu sein von der persönlich erlebten Geschichte, von den Einflüssen des Umfelds und erst recht von irgendwelchen Zukunftsideen, die gerade im Umlauf sein mögen.

Kapitel 6
Freiheit der Gefühle, Gedanken und körperlichen Energien

Die eindeutige Ausrichtung unserer Energien im Umfeld, die ständige, bewusste Entscheidung für genau die Impulse aus dem Umfeld, die unser Leben bestimmen sollen, sowie das konsequente Ignorieren all jener Aspekte, die uns daran hindern, wir selbst zu sein und uns auszudrücken, bringen uns unseren Zielen und der Lebensqualität, die wir uns wünschen, näher. Aber im Alltag ist es leider nicht immer so einfach, nur die Energien in sich zu bewegen, welche die gewünschte Veränderung im See unseres Unterbewusstseins unterstützen. Es geschieht nur allzu leicht, dass wir wieder in alte Gefühlsmuster und Reaktionsweisen zurückfallen, ohne dies überhaupt zu bemerken. Und sind diese Muster erst einmal da, werden wir sie nicht so leicht wieder los. Oft reicht schon eine einzelne, manchmal durch nichtigen äußeren Anlass aktivierte Erinnerung aus, um uns in eine absolut unerwünschte Stimmung verfallen zu lassen oder auch zu Handlungen zu treiben, die wir überhaupt nicht wollen und die vor allem gar nicht zu unseren neuen Zielen passen. Es kann auch sein, dass beliebige Situationen oder Menschen – besonders Menschen, die uns nahestehen – ungut auf uns wirken und beinahe zwanghafte Reaktionen in uns hervorrufen, die sich unserer bewussten Kontrolle in diesem Moment völlig entziehen. Selbst zukünftige Ereignisse, die wir für möglich oder wahrscheinlich halten, können einen solchen Einfluss auf uns ausüben, obwohl sie noch nicht da sind und vielleicht auch nie eintreten werden.

Viele unserer Reaktionen erfolgen automatisch, ohne dass wir uns dessen bewusst sind, und unabhängig davon, ob sie uns günstig oder ungünstig beeinflussen. Wir befinden uns einfach in einer jahrelang erprobten Reaktionsbereitschaft, die uns das Leben oft schwer macht und uns immer wieder von unserem Weg abbringt, den wir längst erkannt haben. Aber irgendwie glauben wir, nichts dagegen tun zu können. Wir haben sie akzeptiert in der Überzeugung, dass wir eben so sind und dass dies ein natürlicher Teil unserer Persönlichkeit und ihres Ausdrucks ist. Vielleicht haben wir uns sogar eingeredet, diese Reaktionsbereitschaft sei ein Zeichen unserer Spontaneität, die immer wieder ungebremst hervorbricht.

Mittlerweile wissen wir jedoch, dass dieses reaktive Verhalten fremdbestimmt ist, dass es mit unserem Wesen nichts zu tun hat und demnach auch nicht als spontan bezeichnet werden kann – wenn man unter Spontaneität ein Ausbrechen unserer Persönlichkeitsenergien versteht. Da solche reaktiven Verhaltensweisen also kein Teil unseres Wesens sind und unsere Persönlichkeitsenergien weder widerspiegeln noch unterstützen, können wir sie auch ohne Bedenken loslassen, ohne damit irgendwelche Persönlichkeitsanteile zu verlieren, wie manche befürchten. Wenn es uns gelingt, nur noch die Gedanken und Gefühle in uns zu entwickeln, die wir wirklich haben wollen, weil sie zu unserem Wesen und zu unserem angestrebten Lebensweg passen, und wenn wir nicht mehr zwanghaft nach alten Prägungen reagieren, sondern bewusst und so, wie wir wollen, falls wir überhaupt reagieren wollen, können wir die Art von Kontrolle über unser Bewusstsein erreichen, die in alten indianischen oder auch östlichen Denkschulen *Gleichmut* genannt wurde. Gleichmut bedeutet in diesem Zusammenhang die Fähigkeit, in einen angestrebten Gemütszustand zu gelangen und dort zu verharren – ganz unabhängig von äußeren Einflüssen, von Erinnerungen, die durch unser Bewusstsein ziehen mögen, oder auch von irgendwelchen Zukunftsideen, die in uns entstehen oder an uns herangetragen werden. In diesem Gleichmut können wir unsere maximale geistige Kraft entfalten und unser volles geistiges Potenzial nutzen, denn wir müssen uns nicht mehr mit unkontrollierten Fremdenergien auseinandersetzen und kommen nicht mehr in Versuchung, unsere Energien zu zerstreuen. Gleichmut ist natürlich alles andere als Gleichgültigkeit. Wir verlieren also nicht etwa jegliches Interesse an unserem Umfeld, unserer Vergangenheit und unserer Zukunft, sondern alles ist uns gleichermaßen gültig. Das heißt: Alles hat seine eigene Gültigkeit, die nicht bewertet werden muss und nicht einmal bewertet werden kann. Wenn wir uns bewusst werden, dass wir nicht unsere Gedanken, nicht unsere Gefühle und nicht einmal unsere körperlichen Energien sind, sondern ein ewiges Wesen, das diese entsprechend der eigenen Absicht benutzt und beliebig lenken kann, werden wir in dieser Erkenntnis frei und können uns unbefangen von alten Prägungen lösen, weil wir diese nicht mehr als Teil von uns selbst betrachten. Vielmehr benutzen wir Gefühlsbrücken ganz gezielt und bewusst, um uns mit dem, was wir wahrnehmen, in den lange gewünschten und dem jeweiligen Gefühl entsprechenden Bezug zu setzen und das Wahrgenommene genauso auf uns wirken zu lassen, wie es unseren Visionen entspricht. Wie wir es auf uns wirken lassen, können wir also ganz frei selbst bestimmen, wenn wir diesen Prozess durchschauen und unsere Gefühle bewusst wählen.

Denken Sie beispielsweise daran, wie leicht Ihre Wahrnehmung und Ihre Stimmung durch Musik verändert werden können: Sie befinden sich an ein und demselben Ort und nichts verändert sich, außer der Musik. Sie wechselt von rockig nach meditativ oder verspielt. Wenn Sie sich darauf einlassen, werden sich Ihre Gefühle ebenfalls verändern, ja, sogar Ihre Wahrnehmung wird sich ändern.

Das, worauf wir unsere Wahrnehmung richten, und die Gefühle, die wir als Brücke zu dem Wahrgenommenen aufbauen, bestimmen über unsere Stimmung und unsere Gesamtenergie – also auch über unsere Ausstrahlung und damit über unser ganzes Leben. Denn: Wir ziehen an, was unserer Ausstrahlung entspricht.

Gefühle sind die Energien, mit denen wir unser Leben am stärksten prägen können. Je gleichmäßiger und kraftvoller wir sie aufbauen und in die gewünschte Richtung senden, desto klarer und schneller wirken sie. Ist Ihnen schon einmal aufgefallen, wie oft sich Dinge in Ihrem Leben ereignen, an die Sie bewusst überhaupt nicht gedacht haben. Hier können also keine inneren Bilder und Visionen am Werk gewesen sein – wovon die meisten Menschen ausgehen, die sich mit der Kraft der Visualisierung beschäftigen. Manchmal passiert ja sogar genau das Gegenteil dessen, was Sie visualisieren und damit manifestieren wollen. Das liegt daran, dass unsere Gefühle ständig, Tag und Nacht nach außen strahlen und unser Leben prägen. Und oftmals ziehen sie Umstände, Menschen und Dinge an, an die wir bewusst niemals gedacht haben und die wir uns bis dahin nicht einmal hätten vorstellen können. Je häufiger wir unsere Gefühle verändern – ob aus uns selbst heraus oder als Reaktion auf etwas, ist dabei bedeutungslos –, desto weniger Kraft haben sie, um unser Leben zu gestalten. Wenn Sie wirkliche Kontrolle über Ihr Leben haben und gezielt genau die Erfahrungen anziehen möchten, die Ihren Sehnsüchten entsprechen und Ihnen helfen, Ihr Wesen optimal zum Ausdruck zu bringen, müssen Sie die Fähigkeit besitzen, sich jederzeit von unerwünschten Gefühlen zu distanzieren und sie gegen erwünschte auszutauschen.

Die folgenden drei Übungen werden Ihnen helfen, diesen notwendigen Abstand zu Ihren Gefühlen zu bekommen und nach und nach immer mehr innere Unabhängigkeit zu erlangen.

Die Übung *Innere Distanz* hilft Ihnen, auf Abstand zu belastenden Gefühlen zu gehen, die immer wieder in Ihrem Wachbewusstsein auftauchen, Ihre Wahrnehmung völlig einnehmen und letztendlich sogar Ihr Verhalten beeinflussen. Je leichter Ihnen diese Übung fällt, desto öfter werden Sie feststellen, dass Sie auch in einer gegebenen Situation innerlich distanziert bleiben können und sich gefühlsmäßig nicht mehr so leicht verwickeln lassen, wie Sie es früher vielleicht zu tun pflegten.

Übung: Innere Distanz

Nehmen Sie sich Zeit und setzen oder legen Sie sich ganz entspannt irgendwohin, wo Sie niemand stören wird.

Denken Sie nun an irgendeine belastende Situation aus Ihrer Vergangenheit, in der Sie gefühlsmäßig stark reagierten. Diese Gefühle tauchen auch heute immer mal wieder auf und belasten Sie, wenn Sie durch irgendeinen äußeren Anlass an die betreffende Situation erinnert werden. Gehen Sie in Ihrer Phantasie ganz in diese Situation hinein und fühlen Sie sich nach Möglichkeit genau wie damals, als sich alles ereignet hat. Erinnern Sie sich an möglichst viele Details und stellen Sie alle Rahmenbedingungen in Ihrer Phantasie wieder her.

Wenn das gelungen ist, beginnen Sie sich von dem Geschehen zu distanzieren. Sehen Sie sich selbst und alle Beteiligten von außen, wiederum mit möglichst vielen Details, aber eben aus der distanzierten Position eines Betrachters. Versuchen Sie dann, die Gefühle und Reaktionen aller Beteiligten zu verstehen und zu begreifen, wie es überhaupt zu dieser Situation kommen konnte, wer was gefühlt hat und was die Situation wohl mit den anderen Beteiligten gemacht hat. Sehen Sie die Situation mit den Augen aller Beteiligten und versuchen Sie dabei auch zu erkennen, dass kein Mensch mit Absicht etwas Böses tut. Vielmehr glaubt er, im Recht zu sein oder sogar etwas Gutes und Richtiges zu tun. Ob das objektiv so ist oder nicht, ist natürlich eine ganz andere Frage.

Es geht bei dieser Übung darum, Verständnis für alle Beteiligten aufzubringen, einschließlich Ihrer selbst. Je besser es Ihnen gelingt, aus der Situation auszusteigen und sich selbst als Beobachter zu fühlen, desto leichter klingen die Gefühle, die Sie damals durchlebt haben, in Ihnen ab.

Jetzt beginnt die nächste Phase der Übung, in der Sie als Beobachter die gesamte Situation, die Reaktionen aller Beteiligten, die Umstände und vor allem Ihr eigenes Verhalten in Ihrer

Phantasie so verändern, dass Sie sich damit wohlfühlen. Es spielt keine Rolle, wie realistisch die Veränderungen sind, die Sie vornehmen. Entscheidend ist, dass Sie selbst sich hinterher anders fühlen, zum Beispiel freier und leichter, denn dadurch beginnt sich Ihre Ausstrahlung zu verändern. Ihre Ausstrahlung reagiert auf Phantasien genauso wie auf die Wahrnehmung tatsächlicher Ereignisse, die ja letztendlich auch nur Phantasien der Gegenwart erzeugt, indem sie Gefühlsbrücken dazu aufbaut. Mit jeder neuen Veränderung, jeder neuen Phantasie lässt die Wirkung der ursprünglichen Erinnerung ein wenig mehr nach, da sie ihre Intensität jetzt mit den neuen Phantasien teilen muss. Der Zwang, die an die damalige Situation gebundenen Gefühle in ähnlichen Situationen zu wiederholen, beginnt sich zu lösen. Auf der einen Seite gewinnen Sie immer mehr Abstand zu dem, was damals stattgefunden hat, und zu der Rolle, die sie selbst dabei spielten. Auf der anderen Seite wächst in Ihnen das Bewusstsein, dass alles, was ist, auch ganz anders sein könnte. Dadurch wird die Energie Ihrer Ausstrahlung lockerer und leichter veränderbar.

Dieses Üben mit vergangenen Situationen bewirkt, dass Sie auch in der Gegenwart zunehmend weniger reaktiv werden, bis es Ihnen in nahezu jeder Situation gelingt, innere Distanz zu wahren und sich gefühlsmäßig nicht zu verwickeln, wenn Sie das nicht möchten. Am Anfang ist es vielleicht sinnvoll, mit weniger problematischen Situationen aus der Vergangenheit zu beginnen, an denen Sie selbst nicht so stark gefühlsmäßig beteiligt waren.

Die nächste Übung befreit von Ängsten, die sich auf tatsächliche, zu erwartende oder mögliche Ereignisse beziehen.

Übung: Ausgeglichenheit

Stellen Sie sich zunächst eine künftige Situation vor, die sich als sehr ungünstig für Sie erweisen könnte und vor der Sie Angst haben: eine Prüfung, die Sie vermasseln könnten; einen öffentlichen Auftritt, bei dem Sie vielleicht versagen könnten und das Publikum Sie auspfeift oder den Saal verlässt; einen sportlichen Wettkampf, in dem Sie vor Angst möglicherweise wie gelähmt sind, und so fort. Der Inhalt der Situation ist weniger wichtig als die Angst, darin zu versagen, die sich oft schon lange vorher einstellt und als eine Art Lampenfieber erlebt wird.

Im nächsten Schritt gehen Sie ganz in diese Vorstellung hinein, bis Sie Ihre Angst ganz in sich spüren. Stellen Sie sich das Schlimmste vor, was Sie sich im Moment ausdenken können. Spüren Sie Ihre Angst und Ihre Verzweiflung.

Das tun Sie nun jeden Tag um die gleiche Zeit, etwa gleich lang und möglichst mit den gleichen Bildern und Gefühlen. Nach etwa einer Woche werden Sie wahrscheinlich beobachten, dass Sie sich diese Angstsituation zwar immer besser vorstellen, aber kaum noch Gefühle dazu aufbauen können. Nach nochmals einer Woche wird Ihnen der Aufbau dieser Phantasien vielleicht sogar lästig und langweilig. In der vorgestellten Situation sind keine Gefühle mehr wahrzunehmen. Sie sehen Ihre Phantasie ganz neutral und reagieren nicht mehr ängstlich darauf. Sie stellen einfach nur noch fest, was hier geschieht.

In der nächsten Phase dieser Übung stellen Sie sich für die gleiche Situation alles vor, was Ihnen Gutes passieren könnte, was Sie freuen und vielleicht mit Stolz erfüllen würde. Auch das tun Sie regelmäßig jeden Tag um die gleiche Zeit, gleich lang und mit den gleichen Bildern und Gefühlen. Wieder werden Sie beobachten, dass Sie sich in den ersten Tagen noch freuen, so wie Sie in der Angstphase zunächst noch Angst

hatten. Nach etwa einer Woche können Sie dann ganz in diese Szene hineingehen, aber Sie bleiben dabei neutral und empfinden keine Freude mehr. Nach etwa drei Wochen wird Ihnen auch diese Übung langweilig und lästig, obwohl es hier um angenehme Vorstellungen geht.
Diese Gesetzmäßigkeit der Psyche bezeichne ich als das »Prinzip der Langeweile«. Alles, was wir regelmäßig um die gleiche Zeit, gleich lang und auf die gleiche Weise wahrnehmen, ist nicht mehr spannend und wird ausgeblendet, damit sich die Wahrnehmung wach und aufmerksam auf jene Dinge richten kann, die für unser Überleben wichtig sind. Unwichtiges wird als nicht relevant ausgeblendet, um unsere Wahrnehmung nicht zu überfordern oder gar zu verletzen.
Wenn Sie diese Übung zu verschiedenen Zeiten, jeweils unterschiedlich lang und mit ständig wechselnden Inhalten oder Gefühlen machen würden, würde sie nicht funktionieren. Im Gegenteil, sie würde Ihre Ängste wahrscheinlich noch verstärken. Die Übung ist dann erfolgreich abgeschlossen, wenn Sie sich die betreffende Situation vorstellen können und bei Ihren Angstbildern genauso wenige Gefühle empfinden wie bei Ihren freudvollen Vorstellungen. Sie bleiben in beiden Extremen gefühlsmäßig ausgeglichen, in Ihrer Mitte und tun entspannt und mit voller Konzentration all das, was Sie tun wollen. Nichts kann Sie mehr ablenken oder beeinflussen. Wenn Sie beispielsweise einen Auftritt haben, können Sie ohne Lampenfieber die Bühne betreten, weil die Vorstellung, völlig zu versagen Sie gefühlsmäßig genauso wenig belastet wie die Vorstellung eines überwältigenden Erfolges mit der Restangst vor dem, was wäre, wenn Sie es am Ende doch nicht schaffen würden.
Ich bezeichne diesen Weg zur inneren Ausgeglichenheit auch als Methode der Langeweile, weil das gleichmäßige Wiederholen bestimmter Vorstellungen einen besonderen Effekt

hat: Die Inhalte der Vorstellung werden uns bald so gleichgültig wie das Geräusch der Straßenbahn, die vor dem Fenster der neu gemieteten Wohnung vorbeifährt. Schon nach wenigen Tagen blenden wir es einfach aus, weil wir es nicht mehr als relevant empfinden. Auch den Gestank in einem Raum nehmen wir schon bald nicht mehr wahr, wenn wir uns dort eine Zeit lang aufhalten und unser Instinkt entscheidet, dass dieser Gestank keine Gefahr für unser Überleben darstellt und demnach nicht mehr relevant ist.

Die Methode der Langeweile kann auch angewendet werden, wenn sich belastende Erinnerungen oder Traumata immer wieder wichtig machen und unsere Stimmung und unser Verhalten stören. Sie kann, präzise ausgeführt, Zukunftsphantasien genauso langweilig werden lassen wie Erinnerungen an die Vergangenheit oder lästige Einflüsse in der Gegenwart.

In der nächsten Übung lernen wir einerseits, beliebige Gefühle in uns lebendig werden zu lassen, selbst wenn es im Außen keinen Anlass dafür gibt, und andererseits, jedes Gefühl auszuschalten, das uns nicht willkommen ist, indem wir es durch ein neues, willkommenes ersetzen.

Dies ist zunächst recht schwierig. Wir sind nämlich so sehr daran gewöhnt, Gefühle als Reaktion auf äußere Impulse zu entwickeln, dass wir glauben, wir seien abhängig von dem, was wir haben oder nicht haben und was um uns herum geschieht. Gefühle ohne äußeren Anlass und ohne Zugriff auf bestimmte Erinnerungen zu empfinden, scheint anfangs nicht nur schwierig zu sein, sondern sogar kaum vorstellbar. Wenn es uns mittels dieser Übung aber irgendwann gelingt, werden wir innerlich unabhängig sein.

Übung: Unabhängigkeit

Im ersten Teil dieser Übung geht es darum, ein Gefühl aufzubauen, und zwar ohne äußeren Anlass und nur, weil wir es wollen.

Teil 1: Auffrischen von Erinnerungen

Begeben Sie sich in einen entspannten Zustand und wählen Sie zunächst ein Gefühl aus, das Sie jetzt empfinden möchten, das Ihre momentane Stimmung prägen soll. Gehen Sie dann durch Ihre Vergangenheit und suchen Sie nach Situationen, in denen Sie dieses Gefühl schon einmal hatten. Wenn Sie eine Situation gefunden haben, versuchen Sie sich an möglichst viele Details von damals zu erinnern: Wie sah es dort genau aus? Welche Menschen waren anwesend? Worüber wurde gesprochen? In welcher Stimmung waren Sie zuvor und wie hat sich diese Stimmung verändert? Woran dachten Sie damals? Was haben Sie erwartet? Je mehr Details Sie abfragen und dann auch erinnern können, desto leichter kommen Sie auch wieder in die Stimmung von damals. Üben Sie das Auffrischen von Erinnerungen so oft Sie Lust dazu haben, je häufiger desto besser. Sie werden bald feststellen, dass sich Ihr Erinnerungsvermögen deutlich verbessert und dass Sie die mit der Erinnerung verbundenen Gefühle immer leichter und intensiver hervorrufen können. Und plötzlich werden Sie feststellen, dass Sie bestimmte Gefühle allein durch Ihre Absicht, sich an sie zu erinnern, in sich lebendig werden lassen können, ohne dafür auf die Erinnerung der Umstände und vieler Details zurückgreifen zu müssen. Schon Ihre Absicht, ein bestimmtes Gefühl zu haben oder in eine bestimmte Stimmung zu kommen, bringt Sie dorthin, und zwar völlig unabhängig davon, in welcher Stimmung Sie gerade sind. Sie können diese Übung auch mit Gefühlen machen, die Sie persönlich noch nie erlebt, denen Sie sich aber über einen Kinofilm oder ein Buch angenähert haben. Sie brauchen sich nur möglichst detailliert an die gesehenen oder gelesenen Szenen zu erinnern und sich möglichst intensiv in die Darsteller hineinzuversetzen. Auch das wird schon bald gut funktionieren. Natürlich können Sie jedes beliebige Gefühl auch dadurch erzeugen, dass Sie in eigenen Phantasien baden, und auch das geht umso leichter, je detaillierter Ihre Phantasien sind.

Damit, dass Sie beliebige Gefühle von äußeren Bedingungen unabhängig aufbauen und halten können, haben Sie einen großen Schritt in Richtung geistige Freiheit gemacht.

Im zweiten Teil der Übung setzen Sie diese Fähigkeit ein, um unerwünschte, lästige Gefühle auszuschalten, indem Sie nach der eben gelernten Methode neue Gefühle aufbauen und damit das alte Gefühl ersetzen.

Um hier keine Missverständnis aufkommen zu lassen: Dies ist nicht das Gleiche, wie ein Gefühl zu verdrängen. Wenn wir Gefühle verdrängen, wenden wir Energie auf, um sie nicht wahrnehmen zu müssen, aber wir lenken ihre Intensität nirgendwo anders hin. Also bleiben diese Gefühle unbewusst aktiv und wirken in uns weiter. Sie gewinnen sogar an Intensität, bis sie irgendwann später wieder auftauchen, und zwar in stärkerer Form. Wenn wir Gefühle durch neue Gefühle ersetzen und unsere Aufmerksamkeit ausschließlich dort hinlenken, fließt die Energie der alten Gefühle in die neuen, die damit immer intensiver werden, während die alten Gefühle an Intensität und damit auch an Wirksamkeit verlieren.

Geistige Energie folgt der Aufmerksamkeit.

Teil 2: Austauschen von Gefühlen

Lassen Sie ein beliebiges Gefühl in sich auftauchen, anfänglich noch unterstützt durch Erinnerung und Phantasie. Lenken Sie Ihre Aufmerksamkeit dann auf ein neues, möglichst anderes, dem ersten vielleicht sogar widersprechendes Gefühl und machen Sie auch dieses mit viel Phantasie intensiv.

Am Anfang ist dies noch anstrengend, aber bald wird es reibungslos klappen. Beginnen Sie mit Gefühlen, die Sie für nicht so wichtig oder problematisch halten, und wählen Sie mit der Zeit Gefühle, die Ihnen wichtiger sind oder mit denen Sie Probleme haben. Beginnen Sie zum Beispiel mit Hektik und Nervosität und lenken Sie Ihre Aufmerksamkeit auf ruhevolle Gelassenheit. Oder gehen Sie zuerst in ein Gefühl der Gleichgültigkeit, und dann bauen Sie Lust auf Aktion auf.

Ein Fernziel dieser Übung ist jene innere Sicherheit, die es Ihnen möglich macht, jedes beliebige Gefühl und sogar Gefühle, die Ihnen absolut unangenehm sind, jederzeit auszutauschen, ganz unabhängig davon, wie die äußeren Umstände sein mögen.

Ganz leicht gelingt dies, wenn man die entsprechenden Gefühle über Rollenspiele aufbaut und über das Wechseln der Rollen verändert. Versuchen Sie es, und Sie werden erleben, dass der Rollenwechsel nicht nur einen beliebigen Wechsel in Ihnen selbst möglich macht, sondern dass es Ihnen sogar gelingen wird, Ihr jeweiliges Gegenüber in unterschiedliche Stimmungen zu versetzen, wenn Sie Ihre Rollen – ähnlich wie ein Schauspieler – entsprechend intensiv spielen. Dabei werden Ihnen zwei Dinge bewusst: erstens, dass die verschiedenen Gefühle, die durch Sie hindurchfließen, kein Teil von Ihnen sind und deshalb beliebig verändert und ausgetauscht werden können, und zweitens, dass dies auch für die vielen Rollen gilt, die Sie im Laufe Ihres Lebens spielen: kindliche, mütterliche, väterliche, kriegerische, kumpelhafte, fürsorgliche und so weiter. Rollen und die damit verbundenen Gefühle sind wie Strategien, mit denen Sie Ihr Leben wirksam gestalten können.

Wenn Sie den Austausch von Gefühlen – besonders von unangenehmen gegen aufbauende – üben wollen, ohne dass Ihr wachbewusstes Ich Sie dabei allzu sehr behindert, schlage ich Ihnen folgende meditative Übung vor. (Sie ist auch auf CD erhältlich; nähere Informationen siehe Seite 192 f.)

Meditation – Unabhängigkeit

Atme langsam tief ein und aus und schließe die Augen.
Atme weiter tief ein und aus, und während du langsam weiteratmest, lass immer mehr los, lass dich treiben.
Der Körper darf jetzt schlafen gehen, deine Gedanken und deine Wahrnehmung werden wach bleiben.
Die Muskeln und Nerven in deinem Unterkiefer entspannen sich, lassen los.
Deine Stirn entspannt sich ... die Muskeln und Nerven in deiner Stirn entspannen sich, lassen los.
Deine Wangen entspannen sich ... die Muskeln und Nerven in deinen Wangen entspannen sich, lassen los.
Deine Augen entspannen sich ... die Muskeln und Nerven in beiden Augen entspannen sich, lassen los. Deine Augen werden klar und entspannt.
Die Kopfhaut entspannt sich ... die Muskeln und Nerven der Kopfhaut entspannen sich, lassen los.
Die Entspannung sinkt tief hinein in den Kopf, tief hinein in die Mitte des Kopfes. Der Kopf wird klar, frei und leicht, ganz entspannt.

Die Entspannung sinkt hinein in den Hals, den Nacken, die Schultern, hinein in die Arme und die Hände. Alle Muskeln und Nerven dort entspannen sich, lassen los.
Die Entspannung fließt hinein in die Hüften, die Beine und die Füße. Alle Muskeln und Nerven dort entspannen sich, lassen los.
Die Entspannung fließt hinein in den Rücken, in die Wirbelsäule. Alle Muskeln und Nerven dort entspannen sich, lassen los.
In diesem Zustand lösen sich deine Gedanken und Gefühle vom Körper. Dein Bewusstsein wird frei und geht eigene Wege. Und dein Körper kann sich jetzt tief entspannen und heilen.
Jetzt sage leise in Gedanken zu dir selbst und empfinde, wenn du möchtest: »Ich weiß tief in meinem Innern: Meine Gedanken, meine Gefühle, meine inneren Bilder bestimmen mein Leben, meinen Körper und meine persönliche Lebenserfahrung. Ich möchte deshalb lernen, sie so bewusst zu gestalten, wie ich es möchte und wie es gut für mich ist.«
Jetzt ist es an der Zeit, für die Dauer dieser Übung alle Gedanken und Gefühle, die dich beschäftigen, loszulassen. Lass sie einfach wegtreiben und werde still.
Du erreichst einen Zustand tiefer Entspannung. Deine Gedanken und Gefühle sind still und klar und haben große schöpferische Kraft. Die Ebenen deines Bewusstseins liegen frei zugänglich vor dir und können genutzt werden.

Diese Übung hilft dir, dich an das zu erinnern, was du tief in deinem Inneren weißt. Du bist unabhängig von deinen Gedanken, deinen Gefühlen, deinen körperlichen Energien und kannst sie frei wählen und austauschen, wie du möchtest und wie es gut für dich ist.

Jetzt erinnere dich und sage zu dir selbst, sage in Gedanken: »Ich bin unabhängig von meinen Gedanken. Ich bin unabhängig von meinen Gefühlen. Ich bin unabhängig

von meinen körperlichen Energien. Ich kann diese frei wählen und verändern, wie ich es möchte und wie es gut für mich ist.
Ich bin unabhängig von meinen Gedanken und kann diese frei wählen und verändern, wie ich es möchte und wie es gut für mich ist.
Ich bin unabhängig von meinen Gefühlen und kann diese frei wählen, wie ich es möchte und wie es gut für mich ist.
Ich bin unabhängig von meinen körperlichen Energien und kann den Zustand meines Körpers frei wählen und verändern, wie ich es möchte und wie es gut für mich ist.
Ich bin unabhängig von meinen Gedanken, Gefühlen und körperlichen Energien und kann diese frei wählen und verändern, wie ich es möchte und wie es gut für mich ist.«

Jetzt lernst du diese Unabhängigkeit und Freiheit noch besser nutzen. Erinnere dich an eine Situation, in der du aktiv warst, und halte das Gefühl fest – das Gefühl, die Idee, die Vorstellung einer Situation, in der du aktiv gewesen bist. Tu das jetzt.
Jetzt lass das Gefühl los und ruh dich aus.

Jetzt erinnere dich an eine Situation, in der du ganz ruhig gewesen bist – ruhig und ausgeglichen. Erinnere dich, empfinde, fühle, stell dir diese Situation vor, verinnerliche dieses Gefühl. Tu das jetzt.
Jetzt lass das Gefühl los und ruh dich aus.

Jetzt erinnere dich an ein Ereignis, das dich fröhlich gemacht hat, und verinnerliche dieses Gefühl – ein erfreuliches Ereignis. Tu das jetzt.
Jetzt lass das Gefühl los und ruh dich aus.

Jetzt erinnere dich an ein Ereignis, das dich traurig gemacht hat, und empfinde, verinnerliche dieses Gefühl der Traurigkeit. Tu das jetzt.
Jetzt lass das Gefühl los und ruh dich aus.

Jetzt erinnere dich an ein Ereignis, das du verurteilt hast, das dich heftig berührt hat, und verinnerliche dieses Gefühl. Tu das jetzt.
Jetzt lass auch dieses Gefühl los und ruh dich aus.

Jetzt erinnere dich an ein Ereignis, bei dem du gleichgültig und gelassen warst, gleichgültig und gelassen. Tu das jetzt.
Jetzt lass auch dieses Gefühl los und ruh dich aus.
Lass dich treiben, ruh dich aus.

Je mehr du diesen Wechsel von Gefühlen und Gedanken übst, desto einfacher wird er werden.

Jetzt ist es Zeit zurückzukehren in den normalen wachbewussten Zustand. Komm mehr und mehr zurück in die Wachheit und beginne langsam, dein Umfeld wieder wahrzunehmen, deine Gedanken und Gefühle.
Nun bist du wieder wach und frisch, und dein Körper fühlt sich ausgeruht und erholt an.
Öffne die Augen.

Kapitel 7
Spontaneität und Intuition

Die geistigen Energien, die wir in uns tragen, auf die wir uns konzentrieren und die wir bewusst und unbewusst zum Ausdruck bringen, prägen unseren Körper, formen unsere Ausstrahlung, unsere Art und Weise mit dem Leben umzugehen und sogar unsere persönliche Lebenserfahrung. Sie strahlen weit über die Grenzen unseres Körpers hinaus, gehen in Resonanz mit entsprechenden Energien und wirken prägend auf unser Leben, denn sie ziehen Menschen und Umstände an, die ihnen entsprechen.

Ich habe Ihnen bis jetzt verschiedene Möglichkeiten gezeigt, wie Sie diese Energien durchschauen und beliebig neu prägen können, um Ihr Leben bewusster, gezielter und sinnvoller zu gestalten. Wenn Sie all diese Möglichkeiten konsequent und entschieden nutzen, werden Sie bald entsprechende Erfahrungen machen und die Gewissheit haben, dass Sie alles erreichen können, was Ihnen erstrebenswert scheint. Ihre alten Ängste, einer bedrohlichen Welt vielleicht machtlos ausgeliefert zu sein, werden sich auflösen. Selbstbewusstsein und Selbstvertrauen werden wachsen, und die Erkenntnis, dass alles, was ist, auch ganz anders sein könnte, wird die Lust auf Veränderung in Ihnen wecken, und zwar lange bevor der zunehmende Leidensdruck unangenehmer Umstände Sie dazu zwingt.

All dies scheint extrem lohnend und erstrebenswert, vor allem für Menschen, die sich den Umständen, die sich ihrer Kontrolle zu entziehen scheinen, noch hilflos ausgeliefert fühlen. Und dennoch gibt es dabei ein Problem, das zunächst gar nicht so offensichtlich ist. Auch mir selbst ist es erst deutlich geworden, als ich auf meinem Weg in die Freiheit schon relativ weit vorangekommen war.

Was glauben Sie, könnte problematisch oder ungünstig daran sein, sein Leben und sich selbst den eigenen Vorstellungen entsprechend frei zu gestalten? Wenn man genauer betrachtet, wie sich unser Bewusstsein und unsere bewussten und unbewussten Möglichkeiten entwickelt haben, ist die Antwort verblüffend einfach. Wir prägen unsere geistigen Energien und damit unser Leben über unsere Vorstellungen und unsere Phantasie, und zwar entsprechend dem, was wir für unsere Sehnsüchte, Fähigkeiten und Möglichkeiten halten. Aber orientieren sich unsere Vorstellungen und Phantasien, unsere Sehnsüchte und Annahmen nicht stark an unserer Vergangenheit? Können wir uns überhaupt etwas vorstellen, wozu wir in unserer Vergangenheit nicht irgendeine Form von Impuls oder Inspiration bekommen haben? Ich glaube nicht! Sowohl mit unserer Phantasie als auch mit unserem vernünftigen Denken sind wir nur fähig, das, was wir in der Vergangenheit gesehen, gehört, gefühlt, geglaubt oder erfahren haben, mit Beobachtungen und Wahrnehmungen der Gegenwart zu verknüpfen und daraus Schlussfolgerungen und Ideen für die Zukunft zu entwickeln – für das, was sein könnte oder sein muss. Ihre Möglichkeiten sind also genauso groß wie die Summe aller Eindrücke aus der Vergangenheit und der Gegenwart sowie Ihre Fähigkeit, diese sinnvoll zu verknüpfen – logisch und sachlich im vernünftigen Denken, assoziativ und gefühlsbetont in der

Phantasie. Etwas wirklich Neues ist kaum vorstellbar, wenn es nicht in irgendeiner Form aus der Vergangenheit ableitbar ist. Das Problem scheint also in der Begrenzung unserer vergangenen Erfahrungen und auch des gegenwärtigen, aus der Vergangenheit hervorgegangenen Wahrnehmungsvermögens zu liegen. Wir können über die Kontrolle unserer geistigen Energien all das in unser Leben bringen, was wir uns vorzustellen in der Lage sind, aber eben nur das. Und damit ist unsere geistige Freiheit erheblich eingeschränkt. Alles, was zu unserem Wesen passen würde, was wir aber nicht erkennen und uns vorstellen können, kann demnach nur schwer in unser Leben treten. Unsere alten Prägungen, unsere begrenzte Vorstellungskraft, unsere Glaubenssätze, unser Selbstverständnis und unser Weltbild begrenzen unsere persönliche Freiheit und unsere Möglichkeiten. Es ist, als müssten wir ewig auf der Straße unserer Geschichte weitergehen, als könnten wir sie vielleicht verbreitern und schöner machen, aber nie ganz verlassen oder von ihr abzweigen. Die Prägungen im See unseres Unterbewusstseins richten unsere Wahrnehmung aus und bestimmen, was wir uns vorstellen können. Ein vollkommener Ausdruck unseres Wesens ist so nicht möglich, ja nicht einmal vorstellbar.

Wenn wir die Einschränkung unserer wahren Möglichkeiten aufheben wollen, müssen wir versuchen, den Einfluss aufzulösen, den diese Prägungen auf unsere Gedanken, Gefühle und Erwartungen an das Leben haben, damit die Impulse aus den Tiefen unseres Wesens und unseres Instinktes ungefiltert und direkt auf die Ebene unseres wachbewussten Ichs gelangen können. Dies ist aber nur möglich, wenn unser wachbewusstes Ich alles loslassen und ignorieren kann, was sich im See unseres Unterbewusstseins an Richtlinien, Glaubenssätzen und Werten angesammelt hat, und wenn es auch sämtliche Wahrnehmungs- und Verhaltensbrillen absetzen kann. Statt unsere gewohnten Sichtweisen zu pflegen und unsere erprobten Handlungen fortzuführen, sollten wir lernen, uns nur noch auf die Impulse unseres Wesens und unseres Instinktes zu beziehen und damit wirklich Neues in unser Leben zu ziehen, was dann ein Ausdruck unseres Wesens und nicht unserer erlebten Geschichte wäre. In unserem Wesen ist ein umfassendes Wissen darüber vorhanden, wer wir sind, was wir wollen und was unsere Bestimmung ist. Dies alles lässt sich mit den Fähigkeiten unseres Instinktes erfolgreich und wirksam zum Ausdruck bringen, denn mit ihnen greifen wir weit über die Grenzen von Raum und Zeit hinaus und nehmen unsere Wirklichkeit ganzheitlich wahr. Statt auf die Impulse unseres Unterbewusstseins zu vertrauen, das die Strategien und Impulse unseres Umfeldes übernommen hat, sollten wir den Kanal der Intuition öffnen und bereit sein, auch Impulsen zu folgen, die für unsere wachbewusste Wahrnehmung nicht nachvollziehbar sind. Statt unsere Vernunft als Entscheidungsinstanz zu nutzen, sollten wir sie nur noch als Umsetzungshilfe gebrauchen und die für unser Leben wichtigen Entscheidungen intuitiv fällen, indem wir auf die Stimme unseres Herzens hören. Unsere Vernunft, die wir normalerweise für die kompetente Seite unseres Ich-Bewusstseins halten, ist im Grunde genommen nur die Instanz, die Informationen und Energien aus unserem Umfeld genau betrachtet – allerdings durch die geschichtliche Brille, die uns vornehmlich das wahrnehmen lässt, was wir in irgendeiner Form schon einmal erlebt oder wahrgenommen haben oder wovon uns berichtet wurde – und diese dann in ein Verhältnis zu uns und unserer Vergangenheit setzt. Der Rest der Wirklichkeit wird in der Regel ausgeblendet. Nachdem das Wahrgenommene mit den Erkenntnissen, Überzeugungen und Erfahrungen der Vergangenheit verglichen wurde, werden zielorientierte Schlüsse daraus gezogen, über die dann eine abschätzbare Zukunft gestaltet werden kann. Mit Hilfe unserer Vernunft setzen wir also mehr oder weniger nur unsere Vergangenheit fort. Das wird uns von unserem Umfeld und vom Zeitgeist natürlich als attraktiv dargestellt, denn immerhin hilft es uns, unliebsame Überraschungen zu vermeiden, die unsere materiellen und emotionalen Sicherheiten bedrohen könnten. So betrachtet sind Vernunftentscheidungen eigentlich Angstentscheidungen, denn sie versuchen uns dort zu halten, wo wir uns schon eine gewisse Vertrautheit, Geborgenheit und Sicherheit geschaffen haben. Je weniger vernünftig wir uns verhalten, desto weniger orientieren wir uns an scheinbar Erprobtem und desto offener werden wir für wirklich neue Impulse und Wahrnehmungen, aber natürlich auch für Situationen, die nicht mehr abschätzbar und nach geschichtlichen Maßstäben sicher sind. Unvernünftig zu denken, zu fühlen und zu handeln bedeutet im Prinzip, im Moment für den Moment heraus zu handeln, der Stimme des Herzens folgend, auch wenn die Konsequenzen nicht mehr eindeutig abschätzbar sind. Aber das scheint dann irgendwie egal zu sein, weil wir uns in dem Moment vom Leben berührt fühlen.

Jetzt werden Sie sich vielleicht fragen, was daran gut sein soll, denn eigentlich klingt dies doch, als sei es sehr gefährlich für das alte Leben, geradezu tollkühn. Stimmt! Aber diese Herzstrategie, die sich nur danach richtet, was dem Herzen guttut, was das Herz im Moment berührt, ohne sich um die Konsequenzen zu kümmern, setzt unser Wesenspotenzial frei und bewirkt, dass wir die Fähigkeiten unseres Instinktes voll nutzen, die vorher vor lauter Vernunft wie gelähmt waren. Indem wir die Vernunft loslassen und den Weg des Herzens gehen, zumindest wenn es wichtige Entscheidungen im Leben betrifft, lassen wir unsere Persönlichkeitsenergien ungefiltert auf die Ebene unseres wachbewussten Ichs aufsteigen und haben vollen Zugang zu den heilenden Kräften unseres Instinktes, seinen außersinnlichen Wahrnehmungsfähigkeiten und seinem absoluten Gedächtnis, in dem alles gespeichert ist, was unser Bewusstsein und unsere Sinne jemals berührt hat, bewusst oder unbewusst. Auf diese Weise spüren wir unsere wirklichen Sehnsüchte und Fähigkeiten, die sich oft gewaltig von den aus dem Umfeld übernommenen unterscheiden, und können die nun voll und ganz nutzbaren Möglichkeiten unseres Instinktes leicht und schnell umsetzen. Damit wird es uns nicht nur möglich, ein gesundes, erfolgreiches und intensives Leben zu führen, sondern vor allem auch eines, das zu uns passt.

Genau das verstehe ich unter dynamischer Entfaltung unseres Selbst – unter DES, wie ich meine Methode nenne: die vollkommene Entfaltung unseres Potenzials, ganz frei von den Einflüssen unserer Geschichte.

Unsere tieferen Bewusstseinsschichten enthalten aber nicht nur unser mitgebrachtes Potenzial, sie können ihre Wahrnehmung auch beliebig in unsere erlebte Vergangenheit, unsere gegenwärtigen Randbedingungen und die Zukunft richten, sofern sie durch unsere gegenwärtigen Energien bereits gestaltet ist, aber auch bezogen auf unsere zukünftigen Möglichkeiten. Dagegen wirken die Fähigkeiten unserer Vernunft schon fast kleinlich und scheinen allenfalls noch brauchbar, um Umsetzungsstrategien für unsere neuen Entscheidungen und Visionen festzulegen, nachdem wir uns für die nahezu unbegrenzten Energien und Informationen unserer tieferen Bewusstseinsschichten geöffnet haben. Die Intuition liefert uns Hinweise darüber, wer wir wirklich sind, welche Möglichkeiten wir haben und was im Moment zu tun ist, um diesem Potenzial Ausdruck zu verleihen. Die Impulse der Intuition kommen meist von innen, etwa als plötzliche Gedanken, als Gefühle, die uns überrollen, als unvorhersehbare Ideen und Phantasien oder auch als Träume, die Dinge klären oder uns Wege zeigen. Manchmal kommt die Intuition aber auch von außen, aus unserem Umfeld, über Begegnungen mit Menschen, die uns neue Wege zeigen; über ein Buch, das uns in die Hände fällt; über ein unvorgesehenes Ereignis, das die Weichen unseres Lebens neu stellt, oder über irgendeinen äußeren Impuls, der uns aufrüttelt und unsere Wahrnehmung erweitert.

Die Impulse der Intuition sind meist nicht logisch nachvollziehbar und wirken manchmal sogar absolut unvernünftig, und doch packen sie uns und lassen uns oft nicht mehr los. Manchmal drängen sie uns etwas loszulassen, das uns vertraut und lieb geworden ist, einen Schritt in eine neue Richtung zu machen oder etwas zu tun, was wir als unangenehm empfinden. Manchmal geben sie auch nur Antworten auf wichtige Fragen oder bieten Lösungen für Probleme, die uns schon lange beschäftigt haben. Der Intuition nachzugehen, bedeutet, der Stimme des Herzens zu folgen, mit dem inneren und äußeren Strom zu schwimmen und wertfrei – und damit frei von alten Prägungen – anzunehmen, was sich aufdrängt und was notwendig erscheint, in der inneren Überzeugung, dass alles einen übergeordneten Sinn hat und sich gut fügen wird, auch wenn unsere Vernunft völlig überfordert ist und eher Ängste entwickelt als Begeisterung, weil wir nicht wissen, wohin alles führen wird.

Diese innere Haltung, in der man nichts Bestimmtes erwartet, nichts ausschließt und grenzenloses Vertrauen in die eigene innere Führung und das göttliche, liebevolle Prinzip des Seins hat, kann nur erreicht werden, wenn man die im Laufe der persönlichen Geschichte entstandenen Ängste und die Zweifel an sich und seinen Möglichkeiten losgelassen hat oder zumindest auf dem Weg dorthin ist. Wer noch Ängste hat und sich dem Leben häufig machtlos ausgeliefert fühlt, wer noch an Zufall glaubt oder vermutet, dass er keinen bewussten Einfluss auf den Fluss der äußeren Welt nehmen kann, ist nicht wirklich in der Lage loszulassen und sich der inneren Führung hinzugeben.

Wenn ein Nichtschwimmer in einen Fluss mit starker Strömung fällt und man ihm vom Ufer aus zuruft, er solle sich einfach treiben lassen, denn er könne gar nicht untergehen, wird er gleichwohl von Angst ergriffen werden und sich durch seine panischen Versuche, über Wasser zu bleiben, wahrscheinlich selbst ertränken, wenn von außen keine Hilfe kommt. Statt loszulassen wird er nach jedem Halt suchen, den er greifen kann. Ein erfahrener Schwimmer hingegen wird sich locker treiben lassen, zumindest für eine gewisse Zeit, um in aller Ruhe zu beobachten, wohin es ihn wohl treibt. Er weiß nämlich, dass er jederzeit wieder anfangen könnte zu schwimmen, falls er überraschenderweise doch untergehen sollte. Deshalb kann der Weg des Loslassens, der Weg der Intuition und Spontaneität, der Weg des Herzens nur von den Menschen entschieden gegangen werden, die zuvor bewiesen haben, dass sie über die Kontrolle ihrer geistigen Energien, ihrer Gedanken, Gefühle und Phantasien, sehr wohl Einfluss auf ihr Leben nehmen können und dass ihr Erfolg, ihre Gesundheit und ihre Lebensqualität nichts mit Zufall zu tun haben. Es ist schwierig, den Weg des Herzens zu gehen, ohne zuvor Selbstbewusstsein und Selbstvertrauen aufgebaut und erprobt zu haben. Erst mit dieser Sicherheit, die in uns selbst begründet ist und keine äußeren Sicherheiten mehr braucht, können wir uns selbst lieben, genau wie alle anderen Menschen, von denen wir uns dann nicht mehr abhängig fühlen. Aber selbst wenn wir diese Sicherheit schon teilweise aufgebaut haben, können sich leicht Bedenken einstellen. Schließlich könnte dieser Weg des Herzens, den wir ja noch nie gegangen sind, unser Leben in ein Chaos verwandeln, das irgendwann nicht mehr überschaubar ist.

Und das ist in der Tat nicht nur möglich, sondern sogar wahrscheinlich, zumindest für eine gewisse Zeit, in der sich alte Strukturen auflösen und neue noch nicht da sind oder sich noch nicht gefestigt haben. Aber wenn wir bereit sind, diesen Weg konsequent weiterzugehen und auftauchende Zweifel zu ignorieren, werden wir allmählich feststellen, dass die Energien und Impulse, die aus den Tiefen unseres Seins nach außen dringen, Schritt für Schritt eine neue Ordnung in unser Leben bringen. Dann werden wir uns so lebendig fühlen wie vielleicht noch nie zuvor. Dann werden wir begreifen, wie sehr uns die Suche nach äußeren Sicherheiten erstickt hat und wie leblos uns all unsere Verpflichtungen und Abhängigkeiten gemacht haben. Von jetzt an stellen sich Leichtigkeit und Freude, Beweglichkeit und Spontaneität ein, wie wir sie vielleicht nur aus Kindertagen kennen. Wir wissen, dass dies aus Sicht unserer Vernunft vielleicht nicht unbedingt ein seriöser Weg ist, aber es ist ein lebendiger Weg.

Viele Menschen fragen sich, ob es ein Leben nach dem Tod gibt, aber kaum jemanden scheint es zu interessieren, ob er vor seinem Tod jemals wirklich lebendig war. Wer diesen Weg geht, fühlt sich lebendig, während er vorher in seinem Netz der äußeren Sicherheiten vielleicht ganz gemütlich vor sich hin gestorben ist. Allerdings bringt ein Leben im Hier und Jetzt, in dem Spontaneität eine große Rolle spielt, auch eine gewisse Unverbindlichkeit mit sich. Wer so lebt, ist für andere Menschen schlecht kalkulierbar und schwer einzuordnen, denn er ist relativ unempfindlich für Erwartungen von außen und erst recht für jede Art von Manipulation. Dem Zugriff äußerer Strukturen moralischer, ethischer, religiöser oder sonstiger Natur entzieht er sich mit Leichtigkeit, weil sich sein Handeln an dem orientiert, was sein Herz sagt, wobei es ihm relativ gleichgültig ist, wie das, was er tut, von seinem Umfeld aufgenommen wird. Problemlosen menschlichen Umgang pflegt er im Laufe der Zeit nur noch mit Freigeistern, die mit einer ähnlichen Einstellung durchs Leben gehen wie er selbst.

Wenn wir so leben, werden wir zunehmend die Tendenz entwickeln, uns zu verselbstständigen. Das bedeutet zum Beispiel, dass es uns immer schwerer fallen wird, uns an einen festgelegten Tagesablauf zu halten. Auch Vereinbarungen treffen wir immer seltener und wenn, dann nur, wenn wir sie wirklich treffen wollen. Und wenn wir überhaupt noch planen, orientieren wir uns dabei eher an Impulsen aus der Zukunft als an unseren Erfahrungen aus der Vergangenheit. Auch dabei bleiben wir beweglich und immer bereit, der Stimme unseres Herzens zu folgen und die Dinge immer mal wieder zu verändern.

Der Stimme des Herzens zu folgen, bedeutet, vertrauensvoll loszulassen und sich der inneren Führung hinzugeben, den aufsteigenden Persönlichkeitsenergien ihren Raum zu lassen und sie zum Ausdruck zu bringen, die

Möglichkeiten des Instinkts zu nutzen, um die eigenen Fähigkeiten optimal zur Geltung zu bringen und Sehnsüchte und Visionen wahr werden zu lassen.

Wenn wir den Weg der Kontrolle über unsere geistigen Energien gehen und gezielt all das in unser Leben bringen, was wir uns aufgrund unserer Vergangenheit als wünschenswert vorstellen können, werden wir mit Sicherheit ein erfolgreiches Leben führen, gesund und intensiv. Ob uns ein solches Leben aber innerlich ausfüllt und berührt und ob es uns letztendlich zu unserer Bestimmung führen wird, ist nicht sicher. Natürlich ist es besser, ein Leben zu führen, in dem wir alles erreichen können, was wir wollen, als wie Opfer durchs Leben zu gehen und sich ständig vor dem Untergang zu fürchten. Aber richtig lebendig sind wir erst dann, wenn unser Wesen voll zur Entfaltung kommt und sich auch die Sehnsüchte, Bedürfnisse und Fähigkeiten entfalten, von denen wir noch nicht einmal wissen, dass wir sie haben.

Wenn wir die Kontrolle der alten Prägungen hinter uns lassen und der Stimme unseres Herzens folgen, können wir zu all dem werden, was wir eigentlich sind, und unser ganzes Potenzial ausleben.

An dieser Stelle schlage ich Ihnen eine meditative Übung vor, die Sie wie gewohnt in einem Zustand tiefer Entspannung an der Grenze zum Schlaf durchführen sollten. Sie hilft Ihnen, Ideen in den See Ihres Unterbewusstseins einzuprägen, die Ihr Vertrauen wachsen lassen und Ihre tieferen Fähigkeiten und Kräfte wieder in Fluss bringen. Der Einfluss alter Bindungen und Hemmungen verblasst, und Sie werden zusehends mehr bereit, den Impulsen Ihres Wesens und Ihres Instinktes zu folgen und Ihr wahres Selbst zu leben.

Meditation – Loslassen

Diese Übung hilft dir, Abstand zu gewinnen zu den Gedanken, Gefühlen und Erinnerungen, die dich im Moment gefangen halten und die du nicht mehr haben möchtest. Sie hilft dir loszulassen, damit deine Energien von tief innen aus deinem Wesen durch dich hindurch in dein Leben fließen und dort alles so verändern können, wie es gut für dich ist. Lass los, lass dich treiben.

Ich beginne jetzt zu zählen, von eins bis zehn. Lass deinen Körper mit jeder Zahl etwas mehr los. Lass zu, dass er sich entspannt. Bei zehn kann dein Körper schlafen gehen, aber deine Gedanken und deine Wahrnehmung bleiben wach.

Eins: Dein Unterkiefer entspannt sich. Die Muskeln und Nerven in deinem Unterkiefer entspannen sich, lassen los.

Zwei: Deine Stirn entspannt sich. Die Muskeln und Nerven in deiner Stirn entspannen sich, lassen los.

Drei: Deine Lippen entspannen sich. Die Muskeln und Nerven in deinen Lippen entspannen sich, lassen los.

Vier: Deine Wangen entspannen sich. Die Muskeln und Nerven in beiden Wangen entspannen sich, lassen los.

Fünf: Deine Augen entspannen sich. Die Muskeln und Nerven in beiden Augen entspannen sich und lassen los. Die Augen sind klar und entspannt.

Sechs: Deine Kopfhaut entspannt sich. Die Muskeln und Nerven der Kopfhaut entspannen sich, lassen los.

Sieben: Die Entspannung sinkt tief hinein in den Kopf, tief hinein in die Mitte des Kopfes. Der Kopf wird klar, frei und leicht, ganz entspannt.

Acht: Die Entspannung sinkt in den Hals, in den Nacken, in die Schultern, in die Arme, in die Hände. Alle Muskeln und Nerven dort entspannen sich, lassen los.

Neun: Die Entspannung fließt in die Hüften, in die Beine, in die Füße. Alle Muskeln und Nerven dort entspannen sich, lassen los.
Zehn: Die Entspannung fließt in den Rücken, in die Wirbelsäule. Alle Muskeln und Nerven dort entspannen sich, lassen los. Der Rücken wird weich, weich und entspannt.
Der ganze Körper geht jetzt schlafen. Der ganze Körper geht schlafen.

Jetzt ist es an der Zeit, alle Gedanken und Gefühle, die dich beschäftigen, für die Dauer dieser Übung loszulassen. Lass sie treiben, während ich weiterzähle, von zehn auf zwanzig. Mit jeder Zahl lass dich treiben, lass deine Gedanken und Gefühle treiben, entspanne, lass los. – Bei zwanzig hast du einen Zustand tiefer Entspannung erreicht. Hier liegt der See deines Unbewussten, der Ort deiner inneren Kraft, frei und zugänglich. Ich beginne jetzt zu zählen. Lass dich treiben.
Elf.
Zwölf: Geh tiefer und tiefer in Entspannung. Lass los. Lass deine Gedanken und Gefühle wegtreiben, weg von dir, lass sie los.
Dreizehn.
Vierzehn: tiefer und tiefer in die Entspannung.
Fünfzehn.
Sechzehn.
Siebzehn.
Achtzehn: tiefer und tiefer in die Entspannung.
Neunzehn.
Zwanzig, zwanzig.

Du hast jetzt den Zustand zwanzig erreicht, den Zustand tiefer Entspannung.
Alle Gedanken, alle Gefühle, alle Bilder, die du jetzt in dir

trägst, dringen tief in den See deines Unbewusstseins ein und wirken dort. Jetzt lass los und ruhe dich aus in diesem Zustand zwanzig.

Lass los. Sage in Gedanken zu dir selbst, fühle und empfinde: »Ich vertraue darauf, dass sich in meinem Leben alles so ordnet, wie es für mich am besten ist. Ich lasse los und fließe mit den Energien meines Wesens. Alles ist gut. Ich lasse zu, dass die Energien meines Wesens durch mich hindurchfließen und in meinem Leben alles so ordnen, wie es für mich gut ist. Ich lasse los und beobachte, vertrauensvoll und entspannt.

Ich lasse los und vertraue darauf, dass die Energien meines Wesens alles so ordnen, wie es gut für mich ist. Alles in meinem Selbst ordnet sich, klärt sich und heilt so, wie es gut für mich ist. Ich lasse los und beobachte.

In diesem Vertrauen in mein Wesen, in dieser Stimmung des Loslassens ziehe ich die Dinge, Umstände und Menschen an, die zu mir passen, die zu mir gehören, die gut für mich sind. Ich spüre, wann ich etwas tun muss und wie ich es tun muss, um erfolgreich meinen Weg gehen zu können. In diesem Vertrauen spüre ich die Führung meiner tieferen Ebenen. Ich lasse los und habe Vertrauen. Ich beobachte mein Leben und mich selbst in dem Bewusstsein, dass alles gut ist und seine Ordnung hat.

Jetzt, in diesem Moment des Fließens ordnet sich alles um mich herum. In mir entsteht Ordnung, in meinen Gedanken und Gefühlen entsteht Ordnung. Es entsteht Klärung und Heilung. In meinem Leben, um mich herum, bei meinen Mitmenschen, überall ordnet und löst sich alles so, wie es gut für mich ist. Mein Körper, meine Gefühle und meine Gedanken, sie ordnen sich und heilen, jetzt, in diesem Zustand des Loslassens so, wie es gut für mich ist.

Alles ist gut. Alles ordnet sich so, wie es gut für mich ist. Ich lasse los und vertraue.
Die Energien meines großen Selbst fließen frei durch mich hindurch und ordnen alles so, wie es gut für mich ist.«

In diesem Vertrauen ruhe dich aus, im Zustand zwanzig, dem Zustand tiefer Entspannung.

Nun ist es Zeit zurückzukehren in den normalen wachbewussten Zustand.
Ich werde jetzt rückwärts zählen.
Zwanzig … Neunzehn … Achtzehn … Siebzehn … Sechzehn … Fünfzehn … Vierzehn … Dreizehn … Zwölf … Elf.
Komm mehr und mehr zurück in die Wachheit und fang langsam an, dein Umfeld wieder wahrzunehmen, deine Gedanken und Gefühle.
Zehn … Neun … Acht … Sieben … Sechs … Fünf … Vier … Drei … Zwei … Eins.
Du bist nun wieder wach und frisch, und dein Körper fühlt sich ausgeruht und erholt an.
Öffne die Augen.

Machen Sie auch diese Übung möglichst drei Wochen lang täglich, vorzugsweise am Abend. Schon bald werden Sie spüren, dass Sie allmählich immer gelassener und vertrauensvoller werden. Nach diesen ersten Wochen genügt es, die Meditation gelegentlich zu wiederholen, um ihre Wirkung aufzufrischen oder sie immer dann zu machen, wenn Sorgen und Ängste Sie plagen und Ihre Gedanken und Gefühle immerzu um bestimmte Probleme kreisen. Sie werden staunen, wie gut Sie Abstand gewinnen und wieder Kraft und Vertrauen schöpfen können.

Auch wenn wir mehr und mehr bereit sind, der Stimme unseres Herzens zu folgen, ist es nicht immer leicht, sie zu hören. Zu Beginn ist sie nämlich ganz leise und wird nur allzu leicht übertönt von der lauten Stimme unserer Vernunft, der wir so lange zugehört haben und die wir entsprechend deutlich wahrnehmen. Die folgende meditative Übung hilft Ihnen, Ihre Aufmerksamkeit an der Schlafgrenze, also im tief entspannten Zustand nach innen zu wenden, den Kanal Ihrer Intuition zu öffnen und die Energien und Impulse aus den tieferen Schichten Ihres Seins an die Oberfläche treten zu lassen.

Sie können Fragen, die Sie beschäftigen, mit in diese Meditation nehmen oder Probleme, die zu lösen sind. Oder Sie begeben sich einfach mit einer offenen Einstellung in die Meditation um herauszufinden, ob es im Moment irgendetwas gibt, das Sie wissen oder ändern sollten. Nicht immer dringen die Impulse sofort in klar verständlicher Form in Ihr Wachbewusstsein. Manchmal kommen sie nur als Gefühle, manchmal als konkrete oder symbolische Bilder, und bisweilen tauchen sie auch erst sehr viel später im Wachbewusstsein auf. Bleiben Sie in den Tagen nach der Übung immer aufmerksam. Achten Sie sowohl auf plötzliche Gefühle, Gedanken oder Eingebungen als auch auf äußere Impulse, die Ihnen entsprechende Hinweise geben könnten.

Meditation – Intuition

Diese Übung hilft dir, den Kanal deiner Intuition zu öffnen, um aus den tieferen Ebenen deines Seins Antworten, Lösungen, Hinweise oder Impulse zu bekommen, die in diesem Moment besonders wichtig für dich sind. Lass dich einfach treiben, öffne dich und beobachte.

Ich beginne jetzt zu zählen, von eins bis zehn. Lass deinen Körper mit jeder Zahl etwas mehr los. Lass zu, dass er sich entspannt. Bei zehn kann dein Körper schlafen gehen, aber deine Gedanken und deine Wahrnehmung bleiben wach.

Eins: Dein Unterkiefer entspannt sich. Die Muskeln und Nerven in deinem Unterkiefer entspannen sich, lassen los.

Zwei: Deine Stirn entspannt sich. Die Muskeln und Nerven in deiner Stirn entspannen sich, lassen los.

Drei: Deine Lippen entspannen sich. Die Muskeln und Nerven in deinen Lippen entspannen sich, lassen los.

Vier: Deine Wangen entspannen sich. Die Muskeln und Nerven in beiden Wangen entspannen sich, lassen los.

Fünf: Deine Augen entspannen sich. Die Muskeln und Nerven in beiden Augen entspannen sich und lassen los. Die Augen sind klar und entspannt.

Sechs: Deine Kopfhaut entspannt sich. Die Muskeln und Nerven der Kopfhaut entspannen sich, lassen los.

Sieben: Die Entspannung sinkt tief hinein in den Kopf, tief hinein in die Mitte des Kopfes. Der Kopf wird klar, frei und leicht, ganz entspannt.

Acht: Die Entspannung sinkt in den Hals, in den Nacken, in die Schultern, in die Arme, in die Hände. Alle Muskeln und Nerven dort entspannen sich, lassen los.

Neun: Die Entspannung fließt in die Hüften, in die Beine, in

die Füße. Alle Muskeln und Nerven dort entspannen sich, lassen los.
Zehn: Die Entspannung fließt in den Rücken, in die Wirbelsäule. Alle Muskeln und Nerven dort entspannen sich, lassen los. Der Rücken wird weich, weich und entspannt.
Der ganze Körper geht jetzt schlafen. Der ganze Körper geht schlafen.

Jetzt ist es an der Zeit, alle Gedanken und Gefühle, die dich beschäftigen, für die Dauer dieser Übung loszulassen. Lass sie treiben, während ich weiterzähle, von zehn auf zwanzig. Mit jeder Zahl lass dich treiben, lass deine Gedanken und Gefühle treiben, entspanne, lass los. – Bei zwanzig hast du einen Zustand tiefer Entspannung erreicht. Hier liegt der See deines Unbewussten, der Ort deiner inneren Kraft, frei und zugänglich. Ich beginne jetzt zu zählen. Lass dich treiben.
Elf.
Zwölf: Geh tiefer und tiefer in Entspannung. Lass los. Lass deine Gedanken und Gefühle wegtreiben, weg von dir, lass sie los.
Dreizehn.
Vierzehn: tiefer und tiefer in die Entspannung.
Fünfzehn.
Sechzehn.
Siebzehn.
Achtzehn: tiefer und tiefer in die Entspannung.
Neunzehn.
Zwanzig, zwanzig.

Du hast jetzt den Zustand zwanzig erreicht, den Zustand tiefer Entspannung. Lass los und genieße diesen Zustand zwanzig, den Zustand tiefer Entspannung.
Erinnere dich: In diesem Zustand zwanzig liegt der See deines

Unterbewusstseins offen vor dir, der Ort deiner unbewussten Energien, der Ort deiner inneren Kraft.

Jetzt lass dich treiben und spüre in dir die Absicht, den Kanal deiner Intuition zu öffnen. Lass dich treiben, öffne dich und nimm wahr.

Was willst du in diesem Moment wissen? Was ist für dich in diesem Moment besonders wichtig zu wissen? Welche Impulse, welche Informationen suchst du?
Was ist für dich in diesem Moment besonders wichtig zu wissen?

Was ist für dich in diesem Moment besonders wichtig zu tun oder zu verändern, zu tun oder zu verändern?

Was ist für dich das Wichtigste in diesem Moment? Was ist für dich das Wichtigste in diesem Moment?

Welche Menschen sind für dich bedeutsam? Welche Menschen sind für dich bedeutsam?

Was ist dir wichtig über deine Zukunft zu wissen? Was ist dir wichtig über deine Zukunft zu wissen?

Öffne dich nun für alle Energien, für alle Botschaften, die dir wichtig sind und guttun, für Antworten auf Fragen, für Lösungen zu Problemen, für Heilung. Öffne dich und lass dich treiben.
Du wirst dich an alles erinnern, was du erfahren, gesehen und gefühlt hast. Ruh dich aus, im Zustand zwanzig, dem Zustand tiefer Entspannung.

Nun ist es Zeit zurückzukehren in den normalen wachbewussten Zustand.
Ich werde jetzt rückwärts zählen.
Zwanzig ... Neunzehn ... Achtzehn ... Siebzehn ... Sechzehn ... Fünfzehn ... Vierzehn ... Dreizehn ... Zwölf ... Elf.
Komm mehr und mehr zurück in die Wachheit und fang langsam an, dein Umfeld wieder wahrzunehmen, deine Gedanken und Gefühle.
Zehn ... Neun ... Acht ... Sieben ... Sechs ... Fünf ... Vier ... Drei ... Zwei ... Eins.
Du bist nun wieder wach und frisch, und dein Körper fühlt sich ausgeruht und erholt an.
Öffne die Augen.

Machen Sie auch diese Meditation vorzugsweise abends, aber vielleicht nur an zwei bis drei Tagen hintereinander, damit Sie entspannt und aufnahmebereit bleiben und sich kein Erwartungsdruck aufbaut.

Unabhängig davon sollten Sie sich immer mal wieder etwas Zeit nehmen und in sich hineinhören, möglichst täglich, vielleicht bei einem Spaziergang oder einer Tasse Tee. Die Stimme des Herzens braucht Ruhe und Zeit, um sich bemerkbar zu machen.

Der Weg des Herzens ist kein ganz leichter Weg. Es braucht viel Mut, ihn zu gehen, den Mut, Sicherheiten aufzugeben, den Mut, sich gegen die Gepflogenheiten des Umfeldes zu stellen, den Mut, etwas zu tun, ohne zu wissen, was es bringen wird. Je länger wir diesen Weg gehen und je lebendiger wir uns dabei fühlen, desto leichter wird er werden, aber dennoch brauchen wir langfristig ganz viel Entschiedenheit, um uns von alten Prägungen nicht wieder fangen zu lassen. Ich möchte Ihnen deshalb eine letzte Meditation vorschlagen, die Ihnen hilft, die

Kraft Ihres Wesens und die Energie und Liebe Ihres Ursprungs zu spüren – Ihrer Seele.

Diese Übung ist einem persönlichen Erlebnis nachempfunden, das ich vor sehr vielen Jahren erstmals hatte und das ein unerschütterliches Vertrauen in meinen Ursprung sowie dessen Liebe und Weisheit in mir hervorrief. In einer tiefen Meditation spürte ich mich plötzlich von einem überwältigendem Licht umhüllt und wusste: Das ist meine Seele, aus der ich komme, mein geistiger Ursprung, voller Liebe und Vertrauen in mich, voller Akzeptanz. Ich fühlte mich aufgehoben und geführt und empfand ein grenzenloses Vertrauen. Seither weiß ich: Alles ist gut, alles ordnet sich, ich werde geführt, und ich bin nicht allein. Ich glaube, dass dieses Vertrauen in eine größere Führung, eine höhere Macht den Weg des Herzens viel leichter macht und auch in schwierigen Zeiten keinen Zweifel an seiner Richtigkeit aufkommen lässt. In Anlehnung an meine damalige Erfahrung nenne ich diese Übung *Lichtmeditation*.

Lichtmeditation

Diese Übung nimmt dich mit auf eine Reise zu deinem inneren Licht, zum Licht deiner Seele. Lass dich treiben, hinein in diese Übung, zu deinem inneren Licht. Lass los.

Ich beginne jetzt zu zählen, von eins bis zehn. Lass deinen Körper mit jeder Zahl etwas mehr los. Lass zu, dass er sich entspannt. Bei zehn kann dein Körper schlafen gehen, aber deine Gedanken und deine Wahrnehmung bleiben wach.

Eins: Dein Unterkiefer entspannt sich. Die Muskeln und Nerven in deinem Unterkiefer entspannen sich, lassen los.

Zwei: Deine Stirn entspannt sich. Die Muskeln und Nerven in deiner Stirn entspannen sich, lassen los.
Drei: Deine Lippen entspannen sich. Die Muskeln und Nerven in deinen Lippen entspannen sich, lassen los.
Vier: Deine Wangen entspannen sich. Die Muskeln und Nerven in beiden Wangen entspannen sich, lassen los.
Fünf: Deine Augen entspannen sich. Die Muskeln und Nerven in beiden Augen entspannen sich und lassen los. Die Augen sind klar und entspannt.
Sechs: Deine Kopfhaut entspannt sich. Die Muskeln und Nerven der Kopfhaut entspannen sich, lassen los.

Sieben: Die Entspannung sinkt tief hinein in den Kopf, tief hinein in die Mitte des Kopfes. Der Kopf wird klar, frei und leicht, ganz entspannt.
Acht: Die Entspannung sinkt in den Hals, in den Nacken, in die Schultern, in die Arme, in die Hände. Alle Muskeln und Nerven dort entspannen sich, lassen los.
Neun: Die Entspannung fließt in die Hüften, in die Beine, in die Füße. Alle Muskeln und Nerven dort entspannen sich, lassen los.
Zehn: Die Entspannung fließt in den Rücken, in die Wirbelsäule. Alle Muskeln und Nerven dort entspannen sich, lassen los. Der Rücken wird weich, weich und entspannt.
Der ganze Körper geht jetzt schlafen. Der ganze Körper geht schlafen.

Jetzt ist es an der Zeit, alle Gedanken und Gefühle, die dich beschäftigen, für die Dauer dieser Übung loszulassen. Lass sie treiben, während ich weiterzähle, von zehn auf zwanzig. Mit jeder Zahl lass dich treiben, lass deine Gedanken und Gefühle treiben, entspanne, lass los. – Bei zwanzig hast du einen Zustand tiefer Entspannung erreicht. Hier liegt der See deines

Unbewussten, der Ort deiner inneren Kraft, frei und zugänglich. Ich beginne jetzt zu zählen. Lass dich treiben.
Elf.
Zwölf: Geh tiefer und tiefer in Entspannung. Lass los. Lass deine Gedanken und Gefühle wegtreiben, weg von dir, lass sie los.
Dreizehn.
Vierzehn: tiefer und tiefer in die Entspannung.
Fünfzehn.
Sechzehn.
Siebzehn.
Achtzehn: tiefer und tiefer in die Entspannung.
Neunzehn.
Zwanzig, zwanzig.

Du hast jetzt den Zustand zwanzig erreicht, den Zustand tiefer Entspannung.
Lass deine Reise beginnen. Stell dir vor, du liegst am Strand, im Sand, unter blauem Himmel. Du hörst die Brandung, du spürst die Wärme der Sonne auf deinem Körper. Der Klang der Brandung, Symbol für Kraft und Energie der Natur. Lass diesen Klang der Brandung durch dich hindurchströmen, fühle die Kraft der Brandung in dir.

Spüre die Wärme der Sonne, das klare Blau des Himmels, den weichen Sand und lass dich treiben mit dem Klang der Brandung.

Alles ist ruhig, ruhig und friedlich. Dein Inneres öffnet sich weit. Es ist warm, es ist schön, es ist friedlich, ganz natürlich. Lass dich treiben mit dem Klang der Brandung.

Spüre die Wärme der Sonne, das klare Blau des Himmels über dir, den warmen Sand unter dir, weich und anschmiegsam. Lass dich treiben.

Jetzt spüre, wie der Wind durch deinen Körper weht und deine Grenzen aufzulösen beginnt. Jetzt spüre, wie der Wind durch deinen Körper weht und deine Grenzen auflöst.

Der Wind weht durch deinen Körper, löst deine Grenzen auf und nimmt dich mit. Der Wind weht durch deinen Körper, löst deine Grenzen auf und nimmt dich mit.

Lass dich treiben. Lass dich mit dem Wind wegtreiben. Lass den Wind durch dich hindurchwehen, dich auflösen, dich mitnehmen. Treibe mit dem Wind.

Du treibst, leicht und schwerelos, im Wind. Deine Grenzen haben sich aufgelöst. Du treibst leicht und schwerelos im Wind.

Jetzt lass dich treiben, höher und höher, weg von hier. Es wird dunkel um dich. Lass dich hineintreiben ins Weltall, mehr und mehr. Es wird dunkel um dich.

Du treibst ganz frei. In diesem Dunkel siehst du einen Lichtpunkt, einen strahlenden Lichtpunkt. – Treibe auf dieses Licht zu, mehr und mehr. Treibe auf dieses Licht zu. Es wird größer, immer größer. Du näherst dich diesem Licht. Es ist jetzt riesig groß und je näher du kommst, desto mehr spürst du die Wärme dieses Lichts. Mehr und mehr. Die ersten Strahlen dieses Lichts berühren dich – warm und angenehm, mehr und mehr, warm und angenehm. Jetzt spürst du unbegrenzte Liebe in diesem Licht, Liebe für dich. Dieses Licht ist das Licht deiner Seele. Treibe hinein, mehr und mehr, hinein in dieses Licht.

Dieses Licht, es durchdringt dich mehr und mehr. Die Liebe dieses Lichts füllt dich aus, mehr und mehr. Du spürst die

Liebe, die von diesem Licht ausgeht. Sie erfüllt dich mehr und mehr. Sie nimmt dich an, vollkommen, so wie du bist. Das Licht deiner Seele. Es nimmt dich an. Es liebt dich, so wie du bist.

Lade alle schweren Gedanken, alle Sorgen, alles, was dich bekümmert, in diesem Licht ab, damit sich deine Seele darum kümmern kann. Lass los und werde frei, frei in der Liebe, in der Wärme deiner Seele. Lass los und treibe in der Liebe deiner Seele, voll und ganz angenommen.

Alle wichtigen Fragen, die du hast, stelle sie jetzt. Die Antwort wird aus den Tiefen deiner Seele kommen. Alle Probleme, die du hast, trage sie vor. Die Lösung wird aus den Tiefen deiner Seele kommen.

In diesem Licht deiner Seele bist du vollkommen, unbegrenzt, ewig und frei. Vollkommen.

Du bist unbegrenzt, ewig, frei und vollkommen im Licht deiner Seele. Spüre diese Liebe – unbegrenzt, für dich.

In dieser Sicherheit und umfangen von dieser Liebe kehre jetzt um, hierher zurück. Lass dich wieder vom Wind treiben und komm hierher zurück, langsam, mehr und mehr. Deine Seele ist in dir, allezeit für dich da.

Mehr und mehr hierher zurück, in der Liebe, in der Energie deiner Seele.
Mehr und mehr hierher zurück, mehr und mehr.
Mehr und mehr hierher zurück, zurück an der Strand, den Strand deiner Vorstellung.

Ruh dich aus in der Kraft deiner Erinnerung und denke daran: Du kannst das Licht deiner Seele jederzeit finden, wenn du möchtest. Es ist in dir, liebt dich und nimmt dich so an, wie du bist.

Fühle noch einmal die Wärme der Sonne, das klare Blau des Himmels über dir, den warmen, anschmiegsamen Sand unter dir und lasse dich treiben vom Klang der Brandung. Ruh dich aus.

Es ist jetzt Zeit, langsam hierher zurückzukommen, zurück in die Wachheit.
Ich werde jetzt rückwärts zählen.
Zwanzig ... Neunzehn ... Achtzehn ... Siebzehn ... Sechzehn ... Fünfzehn ... Vierzehn ... Dreizehn ... Zwölf ... Elf.
Komm mehr und mehr zurück in die Wachheit und fang langsam an, dein Umfeld wieder wahrzunehmen, deine Gedanken und Gefühle.
Zehn ... Neun ... Acht ... Sieben ... Sechs ... Fünf ... Vier ... Drei ... Zwei ... Eins.
Du bist nun wieder wach und frisch, und dein Körper fühlt sich ausgeruht und erholt an.
Öffne die Augen. Bewege deine Zehen und Finger. Dies ist das Ende der Übung, das Ende deiner Reise nach innen. Bring all die Gefühle, all die Sicherheit, Wärme, Freude und Liebe von deiner Reise hierher zurück.

Die Meditationen auf dieser CD helfen Ihnen, Ihre Persönlichkeitsenergien zu entfalten und Ihre Gefühle und Gedanken als gestaltende Kräfte in Ihrem Leben unter Kontrolle zu bringen.

Harald Wessbecher
Meditationen über Individualität und Freiheit

Meditationen über Individualität und Freiheit
Praktische Übungen zur Entfaltung des eigenen Potenzials
CD 1: Grundpersönlichkeit – Entdecken und entfalten Sie Ihre Persönlichkeitsenergien
CD 2: Unabhängigkeit – Kontrollieren Sie Ihre gestaltenden Bewusstseinskräfte
Laufzeit: 90 Minuten
Integral-Verlag, München
ISBN 978-3-7787-9177-6

Meditationen über Individualität und Freiheit

Praktische Übungen zur Entfaltung des eigenen Potenzials

CD zu diesem Buch

Die intensive Ausrichtung und Energetisierung Ihrer Bewusstseinskräfte ist die Basis für eine gesunde, erfolgreiche und erfüllende Gestaltung Ihres Lebens. Damit diese Ausrichtung auch in Ihrem Sinne erfolgen kann, statt sich immer nur an fremden Prägungen aus Ihrer Vergangenheit zu orientieren, ist es wichtig, dass Sie Ihr individuelles Wesen erforschen und dem Einfluss der Vergangenheit entgehen.

Die meditativen Übungen *Grundpersönlichkeit* und *Unabhängigkeit* gehören zu den wichtigsten in diesem Buch. Deshalb habe ich sie auf CD aufnehmen und mit meiner besonderen Klangtechnik versehen lassen. Sie führt Sie in einen tief entspannten Zustand an die Grenze zum Schlaf und lässt die Inhalte der Meditationen tief in Ihr Unterbewusstsein sinken.

Das Tor zu den unterbewussten Ebenen öffnen, um deren Fähigkeiten besser nutzen oder auch entwickeln zu können, ist eine uralte und sehr wirksame Methode, die in vielen alten Kulturen bekannt war und noch heute von den Schamanen vieler Naturvölker eingesetzt wird. Das Tor öffnet sich, wenn sich unser waches Bewusstsein an der Grenze zum Schlaf befindet. Zum Öffnen dieses Tores wurden und werden die unterschiedlichsten Mittel eingesetzt. Meine besondere Klangtechnik, die beide Gehirnhälften in ihrer elektrischen Aktivität synchronisiert und das Bewusstsein leichter in die angestrebten Arbeitszustände gleiten lässt, ist eines davon – leicht, sanft und extrem gut geeignet, um in kurzer Zeit deutliche Erfolge zu erzielen. Sie brauchen dafür lediglich ein Abspielgerät mit Stereokopfhörern. Am wirksamsten sind die Übungen, wenn Sie sie abends vor dem Einschlafen oder morgens gleich nach dem Aufwachen machen, also dann, wenn der Kontakt zu Ihren unterbewussten Ebenen noch sehr intensiv ist.

Die Meditation *Grundpersönlichkeit* hilft Ihnen, aus Ihrem geschichtlich geprägten Selbstverständnis auszusteigen und Ihre wahren Persönlichkeitsenergien, Ihre tiefen Sehnsüchte und Bedürfnisse sowie Ihre individuellen und einzigartigen Fähigkeiten neu zu entdecken.

Die Meditation *Unabhängigkeit* hilft Ihnen, angelernte Automatismen in Gedanken, Gefühlen und Verhalten aufzulösen und geistig wieder frei zu werden. Statt zu reagieren lernen Sie, aktiv zu sein und Ihre Persönlichkeitsenergien bewusst zur Entfaltung zu bringen.

Weitere Titel von Harald Wessbecher im Heyne-/Integral-Verlag

Die Energie des Geldes

Finanzielle Freiheit durch spirituelles Geldbewusstsein

Der Fluss des Geldes wird von klaren, dynamischen Gesetzen gelenkt, die weder mit Zufall noch mit günstigen Randbedingungen etwas zu tun haben. Ihr Ursprung liegt im Menschen selbst. Dieses Buch vermittelt praktische Übungen in leicht nachvollziehbaren Schritten, um Gefühle, Gedanken und innere Bilder auszubauen, die den dynamischen Prinzipien des Geldes folgen und seinen Fluss lenken können.

280 Seiten, Taschenbuch
Heyne-Verlag, München
ISBN 978-3-453-70004-8

Das dritte Auge öffnen

Eine neue Dimension der Wahrnehmung und Entfaltung mentaler Kräfte

Jeder hat die Fähigkeit, sich eine erweiterte Wahrnehmung anzueignen, die nicht durch die körperlichen Sinne vermittelt werden muss, sondern die direkt in unserem Bewusstsein stattfindet. Dieses Buch führt Sie in eine neue Dimension der Wahrnehmung und zur Erweiterung Ihrer psychischen Kräfte.

Durch Re-Sensibilisierung paranormaler Kräfte, die wir als Kinder besaßen, bis sie uns aberzogen wurden, schulen wir unsere Intuition, um Situationen, menschliche Verhaltensweisen und ganze Lebensläufe »lesen« zu lernen wie ein offenes Buch.

316 Seiten, Paperback, Integral-Verlag, München
ISBN 978-3-7787-9081-6

Entfalte Deine Bestimmung

Lebe so, wie es Dir entspricht und gefällt

Nicht nur Künstler und sogenannte »große Menschen« haben eine persönliche Bestimmung, sondern wir alle. Lebensnah und ohne theoretischen Ballast zeigt dieses Buch auf, wie auch Sie Ihre ureigenen, wirklichen Lebensziele erkennen, den Ausstieg aus einer fremdbestimmten Lebensweise schaffen und damit Glück und Erfolg anziehen können.

416 Seiten, gebunden, Integral-Verlag, München
ISBN 978-3-7787-9113-4

Entfalte deine Bestimmung

Meditativ die Energie des Erfolgs freisetzen

Ihre Gefühle kommen in Fluss, gleichen sich aus und werden in einem Zustand tiefer körperlicher und geistiger Entspannung letztlich still. In diesem Zustand haben Sie freien Zugang zu Ihrem Unterbewusstsein und können dort gezielt und wirksam neue Inhalte und Energien verankern.

1 CD – Laufzeit: 45 Minuten
Integral-Verlag, München
ISBN 978-3-7787-9114-1

Die Energie der Wünsche

Wie Sie das Leben nach Ihrem freien Willen gestalten

Mit diesem Buch können Sie Ihr Leben rasch und wirksam ändern – indem Sie lernen, kraftvolle Wunschenergie zu bilden und zielgerichtet einzusetzen. Der Erfolg ist durch Ihre eigene Erfahrung überprüfbar. Nutzen Sie Ihre natürlichen Bewusstseinskräfte – und Sie werden gesünder, erfolgreicher und harmonischer leben können.

208 Seiten, gebunden, Integral-Verlag, München
ISBN 978-3-7787-9137-0

Die Energie der Wünsche

Meditationen zur Entfaltung der Bewusstseinskräfte

Lassen Sie Ihre Wünsche wahr werden, indem Sie die gestalterischen Kräfte Ihres Unterbewusstseins nutzen. Sie entwickeln beim Einschlafen lebendige Phantasien und nehmen diese mit in Ihre Träume, die Ihren Visionen zusätzliche Kraft verleihen und sie schneller Wirklichkeit werden lassen.

1 CD – Laufzeit: 41 Minuten
Integral-Verlag, München
ISBN 978-3-7787-9138-7

Die Energie der Liebe

Eine neue Dimension der Selbstentfaltung durch Partnerschaft

Liebe deinen Partner, aber auch dich selbst! Durch dieses Buch erfahren Sie, wie Sie eine der häufigsten Beziehungsfallen vermeiden: die Selbstaufgabe zugunsten der Partnerschaft. Harald Wessbecher klärt alle wichtigen Fragen, um das Herz zu öffnen und sich zusammen mit dem Partner weiterzuentwickeln:
Wie stille ich meine Sehnsucht nach einer dauerhaften Bindung, ohne mich dabei aufzuopfern? Wie finde ich zu mir selbst – auch in einer festen Beziehung? Wie kann ich meine eigene Persönlichkeit optimal entfalten, zusammen mit meinem Partner?

208 Seiten, gebunden, Integral-Verlag, München
ISBN 978-3-7787-9167-7

Die Energie der Liebe

Meditationen zur Selbstentfaltung durch Partnerschaft

Mit dieser Meditations-CD führt Harald Wessbecher Sie in eine neue Dimension der Partnerschaft. Sie werden andere Menschen besser verstehen und sich mit dem ersehnten Partner verbinden. Befreien Sie Ihre sexuellen Energien und entdecken Sie die körperliche Liebe als natürlichen Ausdruck der Einheit.

1 CD – Laufzeit 41 Minuten
Integral-Verlag, München
ISBN 978-3-7787-9170-7

MCs und CDs von Harald Wessbecher im Selbstverlag

Die folgenden Kassetten und CDs enthalten alle in diesem Buch beschriebenen Meditationen. Sie sind mit der erwähnten Klangtechnik kombiniert, die unsere Gehirntätigkeit mithilfe von dreidimensionalen Rauschformen (DRF) und harmonisierenden Tönen synchronisiert und uns in einen Zustand tiefer körperlicher und geistiger Entspannung gleiten lässt. In diesem Zustand können wir unsere unbewussten Fähigkeiten anzapfen und entwickeln.

Die Wirksamkeit dieser Technik wurde im Laufe von mehr als zwanzig Jahren von unzähligen Klienten und Seminarteilnehmern bestätigt. Aber auch objektive Gehirnmessungen (EEG) und Hautwiderstandsmessungen nach der chinesischen Akupunkturmethode (Mora-Methode) machen deutlich, wie leicht es uns fällt, in solche tiefen und gesunden Entspannungszustände zu gleiten, wenn wir entsprechende äußere Hilfestellung erhalten, beispielsweise durch die beschriebene Klangtechnik.

Für ein wirksames Hören ist der Stereoeffekt wesentlich. Deshalb sollten Sie die Übungen über Kopfhörer oder zumindest Stereo-Lautsprecher hören und sich mindestens 45 Minuten Zeit dafür nehmen. Planen Sie vorher und nachher noch etwas Zeit ein, in der Sie sich auf die Übungen einstellen beziehungsweise sie nachwirken lassen.

Aktive Lebensgestaltung
Sie lassen Ideen zu kraftvollen Visionen werden, intensivieren Ihre Phantasien und erschaffen in allen Lebensbereichen gezielt Gesundheit, Erfolg und Lebensqualität.

Die Energie der Wünsche
Sie lernen, über die Kraft Ihrer Träume sich selbst und Ihr Leben zu lenken, Wunschenergie freizusetzen und die Begrenzungen Ihrer Vergangenheit aufzulösen.

Entfalte deine Bestimmung
Sie nutzen die schöpferische Kraft Ihrer Gefühle, um Ihre Ausstrahlung gezielt zu intensivieren und Ihr Leben bewusst zu gestalten.

Grundpersönlichkeit
Sie lernen, sich von Ihrem geschichtlichen Ich zu lösen und Ihr Wesen, Ihre Kernpersönlichkeit mit ihren Sehnsüchten, Fähigkeiten und Möglichkeiten wieder wahrzunehmen. Die erwachenden Kräfte Ihres Wesens geben Ihnen Motivation und Klarheit, damit Sie Ihr Leben leichter, erfolgreicher und vor allem sinnvoll leben können.

Ich bin
Sie erinnern sich an die unbegrenzte Kraft und die große Fülle von Fähigkeiten und Möglichkeiten Ihres Wesens und entwickeln Motivation und Kraft, diese wieder entschieden und voll Vertrauen zu leben, Ihr Selbstbewusstsein und Ihre Bereitschaft, Veränderungen als natürlichen Entfaltungsprozess des Lebens anzunehmen, wachsen.

Intuition
In tiefer Entspannung öffnen Sie Ihre Wahrnehmung für Informationen, Impulse und Energien von den höheren Ebenen Ihres Bewusstseins. Sie öffnen sich für Antworten auf Fragen, für Lösungen zu Problemen oder auch einfach für Ideen, die Sie selbst und eine sinnvolle Gestaltung Ihres Lebens betreffen. Sie nehmen bewusster wahr, was Ihr größeres Sein Ihnen sagen möchte.

Leitgedanken abends/morgens
Abends lassen Sie den Tag sanft und harmonisch ausklingen und nehmen aufbauende, Zuversicht spendende und motivierende Ideen mit in den Schlaf, damit sich Ihre geistigen Energien wieder ausgleichen können und sich Ihr Körper regenerieren kann.
Morgens kehren Sie sanft in die Wachheit zurück und nehmen die in der Nacht entstandene Zuversicht und Entschiedenheit für eine leichte, erfolgreiche Lebensgestaltung mit in den Tag.

Lichtmeditation
Sie lernen, mit der Kraft Ihrer Seele in Kontakt zu kommen, dem liebevollen Licht, das Sie mit Verständnis und bedingungsloser Zuwendung trägt und auf Ihrem Lebensweg begleitet und schützt. Dieser Kontakt ist eine heilsame und schöne Erfahrung, die Ihren Ursprung wieder in Ihnen lebendig macht.

Loslassen
Sie lernen, Verwicklungen mit momentanen Situationen, Menschen oder Umständen, die Ihr Denken und Fühlen beherrschen, aufzulösen und Ihre geistigen Energien neu auszurichten. Es entsteht wieder Raum für neue Ideen, klare Beobachtung und unabhängige Entscheidungen.

Neue Perspektiven
Sie entwickeln neue Visionen und schaffen Raum für Veränderungen. Ihre Bereitschaft, Altes loszulassen, wächst, und Entscheidungen für Neues können klarer und mit mehr Motivation getroffen werden.

Selbstausdruck
Sie lernen, die Sehnsüchte, Fähigkeiten und Möglichkeiten Ihres Wesens nicht nur zu spüren, sondern ihnen auch kraftvoll und entschieden Ausdruck zu verleihen. Statt sich den Umständen oder Menschen in Ihrem Umfeld anzupassen, vertreten Sie bewusst und klar sich selbst und Ihre Lebensabsicht.

Selbsterkenntnis
Sie lernen, sich Ihrer Gedanken, Gefühle und Handlungen bewusst zu werden und zu spüren, ob Sie Ihrer Lebensabsicht und Ihren Sehnsüchten folgen oder sich von Ihrem Wesen entfernen. Sie werden sich Ihrer selbst bewusst und entwickeln Selbstbewusstsein und Selbstwertgefühl.

Unabhängigkeit
Sie lernen, mit Ihren Gefühlen als den stärksten schöpferischen Bewusstseinskräften unabhängig, frei und souverän umzugehen. Ziel ist, nicht mehr auf Ihr Umfeld, Ihre Vergangenheit oder sogar Ihre mögliche Zukunft zu reagieren, sondern aktiv und kontrolliert nur den Gefühlen Intensität zu geben, die Ihr Leben gestalten sollen.

Alle Bücher, Kassetten und CDs sind im Buchhandel und über folgende Bezugsadressen erhältlich

Deutschland:	Dynamis-Seminare, Sylvia Barris Scheffelstr. 65 76135 Karlsruhe Tel. 07 21-8 51 83, Fax 07 21-84 28 95 Email: sbarris.dynamis-seminare @t-online.de
Österreich:	Wera Schmölzer, Seminarorganisation Weissgerberlände 54/II/11 1030 Wien Tel. + Fax 01-91 33 5 57 oder 06 99-1-9 13 35 57 Email: info@erfolgsclub.at
Schweiz:	Baumgartner Bücher AG Centralweg 16, Postfach 8910 Affoltern a. A. Tel. 01-2 42 76 53 Fax 01-2 42 76 86

Über den Autor

© Daniel Schmuki, Persönlichkeitsphotographie

Harald Wessbecher macht seit fast zwanzig Jahren in Vorträgen, Seminaren und persönlichen Beratungen erfahrbar, dass wir ungenutzte Bewusstseinskräfte besitzen, die sich für eine gezielte Gestaltung unseres Lebens entwickeln lassen und mit denen wir unsere Wirklichkeit ganzheitlich wahrnehmen können, auch in Bereichen, die unseren körperlichen Sinnen verborgen bleiben.

Seine Methode der gezielten Entfaltung dieser oft unterentwickelten und zum Teil noch unbewussten Fähigkeiten nennt er DES (Dynamische Entfaltung des Selbst). Hauptziel der DES-Methode ist es, mit gezielten Schritten aus alten Verhaltensweisen und Wahrnehmungsmustern herauszufinden und frei zu werden, um sich selbst leben und seine körperlichen und geistigen Möglichkeiten entwickeln und nutzen zu können.

Mehr Informationen über den Autor und seine Methode finden Sie im Internet unter
http://www.haraldwessbecher.de